この本の使い方

この本では、ソフトテニス・シングルスの技術を上達するためのテクニックや練習法を紹介。基本的な技術から試合で使える応用技術、日頃から実践できる練習まで、さまざまな内容を順序よく身につけることでレベルアップができる。

ソフトテニスに必要な体力・筋力的な要

タイトル
テクニックの名前や身につけられる技術が一目でわかり、動作する上でのポイントを理解することができる。

映像でCHECK!
QRコードつきのテクニックは、タイトル下のコードを読みとることで映像を見ることができる。
※詳しい説明はP10

解説文
テクニックについての知識や体・ボールの動かし方などを解説。しっかり頭で整理し、練習に取り組むことでレベルアップできる。

PART 1 → フォアハンドストローク（シュート低）

コツ05 低いボールを下からこすってドライブをかける

映像でCHECK!

重心移動からドライブをかける

Check Point!
1. 待球姿勢から相手の打球を予測する
2. 重心移動を意識して強いショットを打つ
3. ラケットでこすりあげてドライブ回転をかける

正確なショットでラリーの主導権を握る

フォアハンドストロークの低い打点で打つシュートは強い回転のかかった打球となるので、ラリーやレシーブでも多用できる。相手が打ったボールがどこで弾むかを予想しながら、フットワークを使ってすばやくボールに対してアプローチする。右利きの場合は、後ろ足となる右足に重心を置いて軸足とし、そこから左足に重心を移していくことがフォームの流れ。

ラケットは下から上に振りあげて体の前でインパクトすることで、ボールに前進回転となるドライブがかかり、低くて速いシュートボールを打つことができる。

常に十分な態勢で打てるとは限らない。まずは基本フォームをしっかりマスターした上で、前後左右に動いていても体の軸がブレないスイングをできるようトレーニングしていこう。

素に加え、ソフトテニスの試合で勝つための考え方や練習法をヨネックス所属のトップ選手たちがアドバイス。ページ内に表示されているQRコードを読み込むことでトップ選手たちのお手本フォームを動画で視聴できる。

最初から読み進めることが理想だが、「ここが気になる」「どうしてもマスターしたい」というテクニックがあれば、そこだけをピックアップすることもできる。各項目にテクニックをマスターするためのコツと、ポイントをあげているので参考にして取り組んでみよう。

PART 1 シングルスで勝てるストロークを身につける

POINT 1　待球姿勢から相手の打球を予測する

センターマーク付近で待球姿勢をつくりながら、相手ボールのコースを見極め、バウンドする位置を予測して動き出す。そうすることですばやく落下点に入り込むことができ、軸足が定まったところから強いドライブ回転のボールを打つことができる。

POINT 2　重心移動を意識して強いショットを打つ

インパクトでは腰を落とし、ボールを体の前のラケットの中心でヒットする。このとき後足にあった重心を前足に移動させながら打つと、力強い回転のボールになる。下がりながらのショットの場合でも、できる限り重心移動を意識することが大事。

ポイント
テクニックの動作をすばやく理解し、マスターするためのポイントを写真で紹介。悪い例もチェックしながら正しいフォームをつくる。

プラスワンアドバイス　腰を落として下半身の力を伝える

フォームの流れの中では、後ろ足となる方に重心を置いて軸足とし、そこから前足に重心を移していくことが大切。この重心移動がうまくいかないと、打球に勢いがでない。シュートボールの基本ショットでは、しっかり腰を落とした重心移動を心がける。

POINT 3　ラケットでこすりあげてドライブ回転をかける

インパクトしたらラケットを下から上に振りあげて、こするようにドライブ回転をかける。同時に腰を回転させると、スイングのスピードもアップする。しっかりとラケットを振り切ってフォロースルーをとることが大切だ。

プラスワンアドバイス
マスターすることで可能となるプレーや試合で使うと効果的な場面などを解説。目的を持って習得に取り組むことができる。

contents

はじめに ……………………………………………………………………………… 2
この本の使い方 ……………………………………………………………………… 4
お手本フォームを動画でチェック！ ……………………………………………… 10

プロローグ ソフトテニスシングルスの魅力

コツ01 徳川愛美選手Q＆A
「勝つため」「上達するため」のコツ ……………………………… 12
コツ02 シングルスへの取り組み
精度の高い打球で試合をコントロールする ……………………… 16
コツ03 シングルスのセオリー
センターにボールを集めてラリーを制す ………………………… 18
シングルスCOLUMN
プレースタイルにあわせてラケットを選ぶ ……………………… 20

PART 1 シングルスで勝てるストロークを身につける

コツ04 正しい構えとグリップ
自分にあったグリップでラケットを握る ………………………… 22
コツ05 動画 フォアハンドストローク（シュート低）
低いボールを下からこすってドライブをかける ………………… 24
コツ06 動画 フォアハンドストローク（シュート中・高）
高い打点で振り抜いて攻撃的に打つ ……………………………… 26
コツ07 動画 フォアハンドストローク（ロブ低）
ヒザを使って押し出すようにボールを運ぶ ……………………… 28
コツ08 動画 バックハンドストローク（シュート低）
バックスイングから肩越しにボールを見て振る ………………… 30
コツ09 動画 バックハンドストローク（シュート中・高）
引きつけてチャンスボールを叩く ………………………………… 32
コツ10 動画 バックハンドストローク（ロブ低）
ドライブをかけて高さと長さを調整する ………………………… 34
コツ11 動画 スライス（フォアハンド低）
ボールの下側を打ってスライスショットを出す ………………… 36
コツ12 動画 スライス（フォアハンド中高）
スライスを攻撃的な場面で使う …………………………………… 38
コツ13 動画 スライス（バックハンド低）
バックハンドのピンチをスライスで脱する ……………………… 40
コツ14 動画 スライス（バックハンド中高）
スライスを使い戦術で上回る ……………………………………… 42
コツ15 シングルスのフットワーク
センターを起点にコート上を走る ………………………………… 44

PART 2 サービスで相手を崩す

コツ16 サービスの種類と使い方
　　　　精度の高いサービスで相手を崩す ……………………………… 48

コツ17 動画 フラットサービス
　　　　高い打点から強くインパクト ……………………………… 50

コツ18 動画 スライスサービス
　　　　ボールの斜め上をインパクトする ……………………………… 52

コツ19 動画 リバースサービス
　　　　ボールの内側を打ってシュートさせる ……………………………… 54

コツ20 動画 アンダーハンドサービス
　　　　ボールの下側をカットする ……………………………… 56

コツ21 レシーブのポジショニング
　　　　サービスに対してポジショニングを変える ……………………………… 58

PART 3 ボレー&スマッシュで得点する

コツ22 ボレーの種類
　　　　ボレーの技術を使い分けて得点力をあげる ……………………………… 60

コツ23 動画 ローボレー(フォアハンド)
　　　　ボールを乗せるようにスイングする ……………………………… 62

コツ24 動画 ローボレー(バックハンド)
　　　　足を止めて半身でバックスイング ……………………………… 64

コツ25 動画 ハイボレー(フォアハンド)
　　　　コンパクトなスイングでボールを押し出す ……………………………… 66

コツ26 動画 ハイボレー(バックハンド)
　　　　肩を入れテイクバックしてボールをヒット ……………………………… 68

コツ27 動画 スマッシュ(フォアハンド)
　　　　浮いた返球を上から叩く ……………………………… 70

コツ28 動画 スマッシュ(バックハンド)
　　　　肩越しにボールをみて上から叩く ……………………………… 72

コツ29 ストレッチ
　　　　ウォーミングアップとクールダウンを行う ……………………………… 74

シングルスCOLUMN
　　　　コートに合ったシューズを選ぶ ……………………………… 78

PART 4 シングルスで勝つための戦術

コツ30 シングルスの戦術
攻守で勝る戦術を構築する ……………………………………………80

コツ31 **動画** サービスからの攻撃①
センターを軸に相手を崩す ……………………………………………82

コツ32 **動画** サービスからの攻撃②
サービスで相手の体勢を崩す …………………………………………84

コツ33 **動画** レシーブからの攻撃①
前に出て相手の時間を奪う ……………………………………………86

コツ34 **動画** レシーブからの攻撃②
前に相手を走らせチャンスをつくる …………………………………88

コツ35 **動画** スライスのラリー
スライスのラリーでペースを握る ……………………………………90

コツ36 **動画** シュートの狙い打ち
相手の動きを見て逆をつく ……………………………………………92

コツ37 フットワーク
試合をイメージして足を動かす ………………………………………94

シングルスCOLUMN
身につけるアイテムにこだわり準備を整える ………………………96

PART 5 シングルス対策のトレーニング

コツ38	シングルス対策の練習 練習にテーマを持って取り組む … 98
コツ39 動画	ボレー×ボレー 至近距離でボレーを打ち合う … 100
コツ40 動画	ショート乱打 待球姿勢から足を動かしテイクバック … 102
コツ41 動画	乱打 ストロークの質を向上させる … 104
コツ42 動画	サイドステップからコース打ち センターを起点に左右に動く … 106
コツ43 動画	1対2のラリー 攻守の場面でショットを使い分ける … 108
コツ44 動画	ベースライン連続打ち クロスコースに強いボールを打つ … 110
コツ45 動画	前後のコートカバーリング 前後の動きのなかで状況判断する … 112
コツ46 動画	サーブレシーブからのボレー 一気に前へ出てボレーを決める … 114
コツ47 動画	前後左右のコートカバーリング ボールに入りながら次のプレーを予測する … 116
コツ48 動画	短いボールを拾ってポジショニング 精度の高い返球から次を読む … 118
コツ49	筋力トレーニング テニスで使う筋肉を鍛える … 120
コツ50	インナーマッスル 肩のなかにある筋肉を鍛える … 124

【注意事項】
本書付録のWebサイトによる映像を視聴する前に、同サイトの注意事項を一読いただき、内容をご理解の上、利用いただきますようお願いいたします。

お手本フォームを動画でチェック！

QRコードつきのテクニックは、コードを読み取ることで該当テクニックが見られるインターネットサイトにアクセスできる。収録されている映像の一覧を見たいときは、以下のURLにジャンプ。QRコードを使わなくても動画を視聴できる。

リーダーを起動しQRコードを読み取る。

URLが表示され、タップすると動画の視聴ページに移動する。

下記URLから動画一覧へジャンプ！
http://gig-sports.com/stennissingles/

QRコードとは

QRコードは白黒の格子状の情報をスマートフォンや携帯端末、タブレットなどで読み取ることで、複雑なURLを入力することなくサイトのリンク先が表示できる。読み取りソフトは「Appストア」「Playストア」等からインストールすることができ、携帯端末等のカメラ機能からQRコードを読み取ることができる。

ソフトテニス
シングルスの
魅力

プロローグ
PROLOGUE

PROLOGUE ▶徳川愛美選手Q＆A

「勝つため」「上達するため」のコツ

シングルスの魅力を「ミスもすべて自分の責任であり、自分一人で考え、それがポイントにつながること」という徳川愛美選手。シングルスの全日本選手権を制したソフトテニスの技術や戦術、取り組み方をQ＆A形式で聞く。

Q1 シングルスの試合で勝つためのコツ

A シングルスは広いコートをひとりでカバーしなければなりません。基本は自分のコートでツーバウンドさせないことです。私の場合、ポイントにつなげるようなテクニックを身につけつつ、「負けにくいテニス」が実践できていることが結果につながっていると思います。

Q2 シングルスで勝つためには、フィジカルの強さが必要？

A もともとフィジカルには自信がありました。長距離を走るのも好きですし、高校の時には専属トレーナーがおり、フットワークや体の使い方など教えてもらったことで、ソフトテニスに必要なフィジカルの土台をつくることができました。

PROLOGUE

ソフトテニスシングルスの魅力

Q4 シングルスのラリーではスライスの技術が必要!?

A スライスは攻め込まれたときに使っても、チャンスボールになりがちになるので自分から打っていける体勢をしっかりつくることが大事です。相手の体勢を崩すことを目的にし、短いボールだけでなくて、長く深いスライスを活用することがポイントです。

Q3 ダブルスとシングルスのストロークの違いは？

A ダブルスでは前衛がいるので、後衛は前に踏み込んでクローズ・ド・スタンスで打つショットがベースになります。しかしシングルスでは前衛がいないため、ときにはオープン・スタンスで打ったり、前後に走ったり、体勢が崩された状態で打たなければなりません。

ソフトテニス〝シングルス〟はさらに進化する!?

Q5 どうすれば精度の高いスライスが打てる?

A 技術のポイントとしては、強く当てにいくことと、インパクトで止めることです。しかし普通のドライブよりブレが生じるので、狙う場所はややアバウトになり、ラインを狙うようなことはありません。むしろ強弱や長短、距離感で変化をつけていくと良いでしょう。

PROLOGUE

ソフトテニスシングルスの魅力

Q6 1対1のラリーを制するコツは？

A 一定のリズムで打つと相手が合わせやすくなってしまいます。できるだけ同じ球種のボールを打たないようにし、シュートボールを入れたら、次は高さのあるボールを使ったり、相手に強いボールを打たせない工夫を重ねます。チャンスがあれば積極的に狙い、ポイントを獲りにいくことも大切です。

Q7 相手に勝つための戦術の立て方は？

A 試合では自分のしっかり打ったボールに対して、返ってきたボールと相手の体勢を見て、遠いところを狙ったり、動きの逆を狙うようにしています。「足の速いタイプなのか」「切り返しが速いタイプなのか」など、相手を分析しつつ攻めることが大事です。

Q8 今後のソフトテニスの技術・戦術・方向性は？

A ソフトテニスはダブルスが主体で、前衛・後衛というポジションが確立しています。しかしシングルスで勝つためにはどちらのテクニックも必要です。今後は前衛・後衛両方の技術に長けた選手が活躍し、戦術の幅も広がることが考えられます。私自身もフォアハンドやバックハンド、さまざまな球種の精度を上げて、相手を自分でもっとコントロールできるようになりたいと思います。

PROLOGUE ▶ シングルスへの取り組み

コツ02 精度の高い打球で試合をコントロールする

Check Point!
① センターを意識してフットワークを使う
② シングルスならではの動きをショットに取り入れる
③ 体勢を崩されてもチャンスボールをあげない

全てのプレーでレベルアップする

シングルスに勝つための要素を理解する

　シングルスの試合で勝つためには、ベースとなるフィジカルをはじめシングルスに適したテクニック・戦術が必要になる。フィジカル面ではコートをひとりでカバーできる走力とフットワーク、体勢が崩れたなかでも強いボールが打てる体幹の筋肉を鍛える必要がある。

　ストロークやボレーおいても前衛・後衛の隔てなくテクニックをマスターし、「スライス」というシングルスならではの技術も習得しなければならない。

　またサービスやレシーブからの攻撃パターンを徹底的に体で覚え、自分が得点できるパターンを構築することが大切だ。そのうえで相手の能力や動きをみつつ、試合を優位に進める戦術眼を身につけていく。そのためにはあらゆるショットで高い精度のボールを打てることが必須だ。

PROLOGUE

ソフトテニスシングルスの魅力

POINT 1　センターを意識してフットワークを使う

シングルスには「センターセオリー」があり、ラリーでの打球後は、センターマークまで戻って、ポジショニングをとることが基本。前後左右に動くなかでセンターを意識しつつ、ショット後の動き出しをはやくすることが次のプレーにつながる。

POINT 2　シングルスならではの動きをショットに取り入れる

基本的なショットはシングルスもダブルスも変わらない。しかしダブルスに比べて、ラリーでは、しっかり踏み込んで打てるとは限らない。通常のストローク・ショット練習に加え、動作しながらのシングルスならでは動きづくりを練習に取り入れること。

POINT 3　体勢を崩されてもチャンスボールをあげない

シングルスの試合では、いかに相手の体勢を崩すかが勝利のポイントになる。裏返せば体勢が崩されていても、強いショットが打てたり、精度の高いスライスで時間を稼ぐことが必要になる。そのためにも体幹の筋肉の強さとラケット操作がカギを握る。

プラスワンアドバイス　得点パターンをマスターして試合に勝つ

ダブルスの場合は、前衛がポイントゲッターとして機能し、得点を重ねるパターンが多い。シングルスでは、ひとり二役で試合にのぞみ、サービスやレシーブ、ラリー展開から積極的に得点を狙う。そのためには戦術はもちろん、得点パターンの構築が必須。

PROLOGUE ▶ シングルスのセオリー

コツ03 センターにボールを集めてラリーを制す

Check Point!
1. センターから低リスクのエリアを狙う
2. 角度のあるところからエースを狙う
3. 相手の体勢を崩して左右に走らせる

センターマーク

コートに広さを知りシングルスの試合に対応する

ネット30cm以上の高さに打ち込む

シングルスのラリーでは前衛がいないため、打球に制限がないように思えるが、「センターセオリー」を意識していないと、相手からポイントを奪うことは難しい。コートの両角を狙うようなショットは、打つための角度や距離が必要でネットミスやサイドアウトのリスクが伴う。そのため相手コートのセンターマーク付近を狙う。

センターにボールを集めることで、自コートの左右にスペースを与えることにはなるが、相手のミスを誘発することもできる。まずはセンターにしっかりポジショニングして、待球姿勢をとることが大切だ。

ネットに対してのボールの高さも、相手が返球に角度がつけられる位置に落とすことは避けたい。ネット上の30センチ以上の高さに打ち込み、相手コートのベースライン付近にバウンドさせることが理想だ。

PROLOGUE

ソフトテニスシングルスの魅力

POINT 1 センターから低リスクの
エリアを狙う

センターにポジショニングをとることで、相手からのあらゆる返球に対応しやすくなる。センターから打球する場合、狙いどころになるのがサービスラインより後ろの左右の範囲となる。これより手前に落とすには、高い技術が必要でリスクもある。

POINT 2 角度のあるところから
エースを狙う

相手に左右へ走らされた場合は、角度と距離があるためストレートのコースと短いクロスにしか狙いどころがない。返球が甘くなれば相手にボレーされる。フットワークを使ってボールに追いつき、強いショット・巧みなショットが打てるよう練習する。

POINT 3 相手の体勢を崩して
左右に走らせる

バックハンドの場合も、打球のコースに角度がつけば狙えるところは小さくなる。まず、そこに追い込むためには、相手の体勢をサービスやラリーで崩すことがポイント。コースを先読みされて十分な体勢から打球されると、逆に相手に狙い打たれてしまう。

 プラスワンアドバイス 1 時間を上手に使い
ゲームを支配する

シングルスの試合は、相手の時間をいかに奪うかがポイント。自分が打ったショットに対して相手に十分な時間がなければ、ボールに追いつけず、反応することもできない。逆にピンチの場面ではロビングやスライスを駆使し、自分の時間をつくって体勢を整えることが大切だ。

・・・シングルスCOLUMN・・・

プレースタイルに
あわせてラケットを選ぶ

　ラケットはソフトテニスでプレーするうえで技術に直結するアイテムだけに、自分のプレースタイルや特徴にあったものを使用することが大事。ボレーやスマッシュなど前に出て積極的に攻撃を仕掛けるプレーが得意か、ベースライン付近でのストロークを得意とするか、でチョイスが変わってくる。

　攻撃的なプレイヤーは、しなりが少なく面のブレも少ないオープンスロートタイプが使いやすい。操作性に優れつつも、インパクト時に安定した面はまさにボレー向けのラケット。

　ベースラインでのラリーを得意とするプレイヤーには、シャフト部分がＶ字で開いているオープンスロートタイプとシャフト部分の１本タイプがある。どちらもヘッドスピードが速くなり、ストロークに適しているラケット。前者はコントロール重視のストローク向け、後者はパワー重視のストローク向けタイプだ。

ストロークとボレー両方のプレーに適したシングルス専用ラケットも開発されている。

シングルスで勝てるストロークを身につける

PART 1

PART 1　正しい構えとグリップ

コツ04　自分にあったグリップでラケットを握る

地面に置いたラケットを握る

Check Point!
1. ラケットを上から自然な形で握る
2. 手首を効かせてボールに変化をつける
3. 微調整しながら自分にあうグリップを探す

前後左右に動き出せる姿勢でボールを待つ

ボールを待つときの構えでは重心をややツマ先寄りにし、ヒザも軽く曲げて体全体をリラックスした状態にすることで、前後左右スムーズに動き出すことができる。

この待球姿勢をとったら、相手のスイングや打つボールを見て、落下点を予測することが大事。もし相手が態勢を崩して打球したなら、すばやく落下点を見極めて移動して決定打やアプローチとなる効果的なショットをが打てるよう準備する。

またラケットの握り方は複数あり、ウエスタングリップはフォアハンドやバックハンド、ボレーなどにまんべんなく使える。一方のイースタングリップは、ボールに回転をかけやすくサービスなどで有効だ。グリップのフィーリングや自分のプレースタイルに合わせてセレクトすることが大事。打球に合わせて握り変えることもある。

PART 1

シングルスで勝てるストロークを身につける

POINT 1 ラケットを上から自然な形で握る

ウエスタングリップは、地面に置いたラケットを上から握った形。フォアハンドまたはバックハンド、ボレーなどあらゆるショットに適しているグリップだ。ソフトテニスの選手の多くが採用しており、オールラウンドに活躍できる。

POINT 2 手首を効かせてボールに変化をつける

イースタングリップは、ラケット面が地面に対して垂直になる。ボールに回転をかけやすく、手首の操作にも自在性がある。地面スレスレの低いボールにも手が届き、サービスなどで回転をかけたり、スライスなどで上下からスピンをかけることができる。

POINT 3 微調整しながら自分にあうグリップを探す

セミイースタングリップは、ウエスタンとイースタの中間に位置する。サービスやスマッシュではスナップが効くため、強いボールを打つことができる。ラケットの握りには、短く持つか長く持つかでも違ってくるので、ボールを打ってみた自分の感覚を大事する。

 プラスワンアドバイス 1 すぐに動き出せる構えをとる

「待球姿勢」とは、相手からのサービスやストロークを待つ姿勢のこと。ベースライン付近でのストロークやレシーブでサービスを待つ際は、ラケットを持つ手にもう片方の手を添えて待球姿勢をとる。

PART 1　フォアハンドストローク（シュート低）

コツ05　低いボールを下から こすってドライブをかける

映像でCHECK!

重心移動からドライブをかける

Check Point!
① 待球姿勢から相手の打球を予測する
② 重心移動を意識して強いショットを打つ
③ ラケットでこすりあげてドライブ回転をかける

正確なショットでラリーの主導権を握る

　フォアハンドストロークの低い打点で打つシュートは強い回転のかかった打球となるので、ラリーやレシーブでも多用できる。相手が打ったボールがどこで弾むかを予想しながら、フットワークを使ってすばやくボールに対してアプローチする。**右利きの場合は、後ろ足となる右足に重心を置いて軸足とし、そこから左足に重心を移していくことがフォームの流れ。**

　ラケットは下から上に振りあげて体の前でインパクトすることで、ボールに前進回転となるドライブがかかり、低くて速いシュートボールを打つことができる。
　常に十分な態勢で打てるとは限らない。まずは基本フォームをしっかりマスターした上で、前後左右に動いていても体の軸がブレないスイングをできるようトレーニングしていこう。

PART 1

シングルスで勝てるストロークを身につける

POINT 1 待球姿勢から相手の打球を予測する

センターマーク付近で待球姿勢をつくりながら、相手ボールのコースを見極め、バウンドする位置を予測して動き出す。そうすることですばやく落下点に入り込むことができ、軸足が定まったところから強いドライブ回転のボールを打つことができる。

POINT 2 重心移動を意識して強いショットを打つ

インパクトでは腰を落とし、ボールを体の前のラケットの中心でヒットする。このとき後足にあった重心を前足に移動させながら打つと、力強い回転のボールになる。下がりながらのショットの場合でも、できる限り重心移動を意識することが大事。

POINT 3 ラケットでこすりあげてドライブ回転をかける

インパクトしたらラケットを下から上に振りあげて、こするようにドライブ回転をかける。同時に腰を回転させると、スイングのスピードもアップする。しっかりとラケットを振り切ってフォロースルーをとることが大切だ。

プラスワンアドバイス 1 腰を落として下半身の力を伝える

フォームの流れの中では、後ろ足となる方に重心を置いて軸足とし、そこから前足に重心を移していくことが大切。この重心移動がうまくいかないと、打球に勢いがでない。シュートボールの基本ショットでは、しっかり腰を落とした重心移動を心がける。

PART 1 ▶ フォアハンドストローク（シュート中・高）

コツ06 高い打点で振り抜いて攻撃的に打つ

Check Point!
① ボールを引きつけてコースを狙う
② スナップを効かせてドライブをかける
③ フォロースルーをとってベースライン付近に落とす

横から上へ振り抜きドライブをかける

強いシュートボールでポイントを奪う

相手の返球がやや高い場合は、高い打点からより強いボールを打つことができる。**打点が高くなる分、ボールを引きつけてコースを狙うことができるため、決定打やそのひとつ前のショットとなる可能性がある。**

ストレートやクロスなど狙ったコースに打ち分けることで、ポイントを狙うことができる。チャンスボールだからといって、無駄な力が入ってしまったり、ラケットを棒振りにしてしまうと、ネットミスになってしまうので注意。やや横から少し上へ振り抜く、ドライブ回転を打つイメージを大事にしよう。

高い打点であってもベースラインより後ろでボールを打つときなどは、距離があるため相手も対処しやすい。無理にコースを狙わずボールに変化をつけたり、スピードを変えるなどつなぎのショットも有効だ。

PART 1

シングルスで勝てるストロークを身につける

POINT 1　ボールを引きつけてコースを狙う

ボールがバウンドする位置を見極めたらフットワークを使って移動。軸足の位置を決めてテイクバックし、ボールを待つ。そこからできるだけ引きつけるようにして、ボールをインパクトすることで相手のスタートや予測を遅らせることができる。

POINT 2　スナップを効かせてドライブをかける

ラケットを水平から少し上に振り抜くようにして、体の前でインパクトするとドライブ回転の効いた強いボールが打てる。インパクトの瞬間ラケットはフラットだが、スナップを効かせて手首を返すことで、強いドライブ回転をかけていく。

POINT 3　フォロースルーをとってベースライン付近に落とす

打点が高い位置でのショットは攻撃的に使えるが、相手との距離があるベースライン付近では、つなぐことを意識して相手コートに強く深いボールを返すことが大事。フォロースルーをしっかりとってボールをベースライン付近にコントロールする。

プラスワンアドバイス　ボールのスピードに変化をつけて相手を惑わす

強いシュートが打てていても、一本調子になってしまってはポイントをとることは難しい。ときには、緩いボールでスピードを変えたり、スライスなどを使ってラリーにメリハリをつける。そのボールに対しての相手の反応をみて、次の狙いどころを探ることが大切だ。

PART 1 ▶ フォアハンドストローク（ロブ低）

コツ07 ヒザを使って押し出すようにボールを運ぶ

映像でCHECK!

ヒザを使ってボールを運ぶ

Check Point!
① ヒザをやわらかく使って低い位置から打つ
② 姿勢をキープしてロブを打つ
③ ボールが浮いている間に態勢を整える

精度の高いロブでピンチを回避する

　低い打点で打つロビングは、相手のボレーを避けたり、自分の体勢を立て直す時間を稼ぐ際に用いるのに有効なストローク。守備的な場面で使うことが多いので、態勢が十分でないときでも打たなければならない。フットワークを使ってしっかり落下点に入り、手打ちにならないことが大切だ。
　フォームのポイントはヒザをやわらかく曲げて、伸びる力を利用して、全身を使ってボールを運ぶように打つこと。打ち終わったら、必ずフォロースルーをしっかりとって「ボールを運ぶ」イメージを意識する。
　スピードの遅いロビングボールは、相手コートのベースライン近くである、深いところにボールを落とすことが基本。相手が前に出てきていれば、ラケットの届かないギリギリの高さにコントロールすることで、攻撃的なショットとしても活用できる。

PART 1

シングルスで勝てるストロークを身につける

POINT 1 ヒザをやわらかく使って低い位置から打つ

落下点に走りながらロブを打つと決めたら、やわらかくヒザを使うこと。ヒザをしっかりと曲げてタメを作ったら、伸ばす力を利用してボールをラケットに乗せるようにインパクトする。体勢が崩れてもできるだけ、基本の形で打てることが理想だ。

POINT 2 姿勢をキープしてロブを打つ

下半身がうまく使えていないと、ロブの精度があがらずミスとなってしまう。特に姿勢が前に倒れてしまうと、手の力だけでボールを打つ「手打ち」になってしまうので注意。スイングの最初から最後まで、できるだけ姿勢を立てたままキープして打つ。

POINT 3 ボールが浮いている間に態勢を整える

ロブは、できるだけヒザをやわらかく曲げて伸びる力を利用し、全身を使ってボールを運ぶように打つこと。相手コートのベースライン近くである、深い場所にボールを落とすショットが有効だ。ボールが空中にある時間を利用して自分の態勢を整える。

プラスワンアドバイス 1 シングルスのゲームを意識したロブをあげる

シングルスの試合では、前衛がいないため回避するための高さは必要ない。むしろロブのコースや落としどころ、ボールのスピードを意識することがポイント。必要以上にロブを高くあげてしまうと、逆に相手につけ入るスキを与えてしまうので注意。

PART 1 ▶ バックハンドストローク（シュート低）

コツ08 バックスイングから肩越しにボールを見て振る

Check Point!
1. テイクバックで肩を内に入れる
2. インパクトで手首を固定してヒットする
3. 頭上に高く振り抜き強いドライブをかける

面を下に向けてラケットを振り抜く

踏み込み足に力を入れ強いボールを打つ

ラケットを持つ腕と逆側にきたボールを親指を下に向けて打つバックハンドは、ラリーを優位に進めるために必要なテクニック。フォアハンドに比べるとやや威力の落ちるショットとなるバックハンドは、多くの選手にとってウィークポイントになりがちだ。

ポイントは、足を踏み込み肩を内側に入れて、ボールをしっかりと見ること。体の前で左右の腕を交差させ、踏み込んだ足に力を入れる。体の前でボールをインパクトするときは、手首を固定しつつ、ラケット面をやや下向きのまま振り抜くと、強いドライブ回転をかけることができる。

体の前でボールをインパクトしないと、バックハンドはうまく打てない。重心が後ろ足にあったり、インパクトが体の付近の場合はミスショットになってしまう。

PART 1

シングルスで勝てるストロークを身につける

POINT 1 テイクバックで肩を内に入れる

ボールのスピードと飛距離を見極め、落下地点を予想してフットワークを使い移動。軸足を踏み込んだら肩をコンパクトに引き、内側に入れるようにする。そうすることで、肩越しにボールを見るようになり、スムーズにラケットを振ることができる。

POINT 2 インパクトで手首を固定してヒットする

腰の回転とともにラケットを回すようにして振る。このとき後ろ足から前足に重心を移動させること。ボールをよく見て、体の前でインパクトすることがポイント。手首を固定して、ラケット面にしっかりボールがあたるようにヒットすることで強い打球ができる。

POINT 3 頭上に高く振り抜き強いドライブをかける

ボールをインパクトした後は、腕を伸ばし体が大きく伸び切るほどフォロースルーをとり、ダイナミックに振り切ること。ラケット面はやや下向きのまま、頭上高く振り抜くようにすると、ボールに強いドライブ回転をかけることができる。

プラスワンアドバイス 1 バックハンドの打ち合いを制して試合に勝利する

フォアハンドに比べると強い打球ができないバックハンドは、ラリーの狙いどころとなる。相手ショットも自分のバックハンドに集中する傾向があるので、しっかり対応できなれば勝つことはできない。バックハンドの攻防が勝利のカギを握る。

PART 1 バックハンドストローク（シュート中・高）

コツ 09 引きつけてチャンスボールを叩く

Check Point!
1. バックハンドから攻撃に転ずる
2. コースを打ち抜くようにラケットを振り抜く
3. ボールを引きつけて狙いすましてインパクト

ボールを引きつけてコースを狙う

コースを自在に狙ってラリーで相手を上回る

　高い打点でのバックハンドはチャンスボールになるので決定打か、それにつながるショットを打ちたいところだ。強さはもちろん、狙うコースを意識して打つことが大切だ。フォームは低い打点で打つときと変わらない。肩越しにボールを見ながらラケット面をやや下向きにして、腰の回転を利用して上方に振り抜く。そうすることでボールに強いドライブ回転がかかる。

　低い打点のバックハンドと違う点は、打つ側が有利であること。**ボールをしっかり引きつけて打てば、相手はどのコースにボールがくるのか判断できず、一歩目の反応が遅れてしまう。**バックハンドでも、相手のポジショニングを見ながら空いているコースを狙えるようになれば、ラリーの組み立てができるようになり、ゲームで大きな武器になる。

PART 1

シングルスで勝てるストロークを身につける

POINT 1 バックハンドから攻撃に転ずる

返球が甘ければ、バックハンドでも攻撃に転ずることが大事。しっかりと軸足を踏み込んだら、肩をコンパクトに引いて内側に入れる。テイクバックで肩越しにボールを見ながらボールを引きつけることで、相手にギリギリまで打つコースを読ませない。

POINT 2 コースを打ち抜くようにラケットを振り抜く

インパクト後はラケットをやや下向きのまま、高く振り抜くようにすると、ボールに強いドライブ回転がかかる。慌てて打つとミスショットにつながるので注意。ストレートかクロスのどちらが有効か、ボールの落下点に入りながら見極めることが大事。

POINT 3 ボールを引きつけて狙いすましてインパクト

ボールをしっかり引きつけたら、ラケットを下から上へと振り抜いてドライブ回転をかける。インパクト前には相手のいないコースを見極めておく。相手が動きはじめたら、その逆コースに打つことも有効。狙いすましてインパクトする。

プラスワンアドバイス バックハンドを上手に使ってポイントを奪う

バックハンドの精度が高く、強い打球ができれば大きな武器となる。チャンスボールを決めにいく場面でも、わざわざフォアハンドに回り込む必要がなく、バックハンドでポイントを奪うことができる。シングルス戦を制するには必須のテクニックといえる。

PART 1　バックハンドストローク（ロブ低）

コツ10 ドライブをかけて高さと長さを調整する

Check Point!
① 相手コートのベースライン付近に返す
② インパクトではドライブ回転をかける
③ フォロースルーではボールを運ぶイメージを持つ

ボールをあげて体勢を整える

相手にチャンスボールを与えないロビングを打つ

　バックハンドからのロビングは、ラリーやサービスで自分が相手に崩されているときに有効なショット。前に走らされたり、強打で追い込まれたときに使うことで、自分の態勢を整えることができる。ロブを打ったらセンターポジションに戻ることを心がけよう。ロブの精度をあげて、相手のいないコートの深いところに返すことができれば、一気に攻撃に転じることもできる。

　打つときは、肩を内側に入れて左右の腕を交差させ、腰のひねりと腕の振りをあわせてスイングすることがポイント。インパクトではボールにドライブ回転をけて、ロブの深さや高さを調整する。

　フォロースルーでは、ボールをラケットに乗せて運ぶイメージで大きく振る。足を動かし、ドライブ回転をかければコースを狙うことができる。

PART 1

シングルスで勝てるストロークを身につける

POINT 1
相手コートのベースライン付近に返す

まず相手コートの深いところにボールを返すことが基本。そのためにはフットワークを使ってすばやくボールの落下点に入ることが大切だ。前に走らされて余裕がない場合は、走りながらバックスイングをとり、ロブをあげるコースや高さをイメージする。

POINT 2
インパクトではドライブ回転をかける

インパクトでドライブ回転をかけられないと、ボールをコントロールしにくい。しっかりドライブ回転をかけて、ロブの高さやコースを調整することが大切。相手が前に出てきていれば、ラケットの届かない高さにコントロールして背後のスペースを狙う。

POINT 3
フォロースルーではボールを運ぶイメージを持つ

屋外コートの場合、当日の天候や風向きなども頭に入れておくこと。強風や日光の角度によっては、ロブの飛びやプレーに影響が出る。フォロースルーでは「ボールを運ぶイメージ」を持つことで、イメージした長さのロビングが打てるようになる。

プラスワンアドバイス
ロビングを使って相手と駆け引きする

ラリーのなかでロビングを使って、相手と駆け引きすることも時には有効。一球ごとに間を変えたり、ボールの高さを変化させることで相手の強打を防ぐこともできる。ロブがあると思わせるだけでも、相手は簡単に前に出てくることができなくなる。

PART 1 ▶ スライス（フォアハンド低）

コツ11 ボールの下側を打ってスライスショットを出す

映像でCHECK!

Check Point!
1. グリップを握り変えてラケットを振りおろす
2. インパクトではラケット面が上を向く

ボールに回転をかけて相手に自由に打たせない

スライスでシングルス戦のラリーを制する

シングルスの試合が浸透するにつれ、「スライス」というダブルスのゲームでは使われなかった技術が必須のテクニックとなっている。シュートのようなドライブ回転に対し、ボールの下側を打って下回転や横回転をかけていく。そうすることでボールが長い滞空時間となるので、態勢を整えることができる。また **相手コートで弾んだボールは、地面で横滑りするように不規則に動くでの強打されにくい。** ラリーのつなぎのショットとしても大いに活用できる。

スライスはボールに回転をかけるため、ラケット面でインパクトする瞬間は、面が上を向き地面と平行に近い形となる。インパクトでボールの下の部分をこするように打ち、打球方向に押し出すようにフォロースルーをとることでボールに勢いと回転が増し、相手が返球しにくくなる。

ポイントを奪われないためのショット

低い打点でのスライスショットは、相手からのボールをコート前方に走って打つ状況が多い。どちらかといえば、相手の次のショットが決定打とならないようにするための守備的なショットとなる。ショット後はできるだけ早くセンターポジションに戻る。

シングルスで勝てるストロークを身につける

POINT 1 グリップを握り変えてラケットを振りおろす

グリップは「イースタン」や「セミイースタン」の方がスライスを打ちやすい。テイクバックしたらラケットを下へ振りおろす。

POINT 2 インパクトではラケット面が上を向く

ボールの下側をこするようにヒットし、ボールに回転をかける。ボールとラケット面の当たっている時間を長くすると、より回転がかかる。

PART 1　スライス（フォアハンド中高）

コツ12 スライスを攻撃的な場面で使う

映像でCHECK！

意表をつき
ネット際に落とす

Check Point!
❶ グリップ主導でラケットを振る
❷ 打点を前後に変えて飛距離を調整する

ラリーで相手の裏をついてポイントをとる

　ショット自体の威力はドライブほどではないが、弾んだ後にボールが跳ねなかったり、横に動くこともあるのでレシーブする相手はなかなか強打することができない。スライスショットは使い方によっては攻撃的な場面でも活用できる。

　ドライブの応酬となりがちなラリーの合間に、スライスショットを挟むことで一本調子になりがちな打ち合いに変化をつけ、相手のペースを惑わすことができる。

　精度に自信があれば相手コートのネット付近に落ちるようなショットで、ベースライン後方にいる相手に対しての決定打としたり、前に走らせて体力を消耗させることもできる。

　ボールをできるたけ体の方に引き込んで、ヒットすることがポイント。グリップ主導でボールの下側をこすっていく。

PART 1

シングルスで勝てるストロークを身につける

プラスワンアドバイス 長短を打ち分けて攻撃的に使う

高い打点でのスライスショットは、ラリーの主導権を握っている状況で打つことが多い。長短にコントロールできることが効果的。できるだけボールを引きつけて打つことで打球をコントロールしつつ、相手にスライスを打つことをギリギリまで隠すことができる。

POINT 1 グリップ主導でラケットを振る

相手にスライスを打つことをギリギリまで隠す。できるだけボールを引き込んでインパクト。グリップ主導でラケットを振る。

POINT 2 打点を前後に変えて飛距離を調整する

ボールの下側をこするようにし、打点の前後でショットの飛距離を調整する。ある程度、狙ったところに打てることが大切だ。

PART 1 ▶ スライス（バックハンド低）

コツ 13 バックハンドのピンチをスライスで脱する

映像でCHECK!

低い打点でスライスをかけてピンチを脱する

Check Point!
① 深く返球して態勢を整える
② 面を固定してボールを下からこする

崩された体勢から時間を稼ぐ

ラケットの片面だけでインパクトするソフトテニスでは、バックハンドがウィークポイントとなりがち。態勢を崩されたところからのバックハンドの場合、そのまま工夫もなく返球してしまえば、相手のチャンスボールになってしまう。しかし**追い込まれた状況からでもスライスショットを繰り出すことで、相手は次のショットで決定的なショットを打つことが難しくなる。**

スライスの打球はシュートに比べて滞空時間が長く、センターポジションに戻る間をつくることができる。しかも相手コートでのバウンド後は不規則に変化するので、相手のミスを誘うこともできる。そのためにもスライスショットは、できるだけ深いところにコントロールすることが大切だ。ラケット面をしっかり固定して、ボールを下側からこするようにして押し出す。

プラスワンアドバイス 1 地面スレスレのボールを拾う

落下点に入る段階でスライスを打つためにウエスタングリップから握り変えることで、地面スレスレの低いボールでもバックハンドでは拾うことができる。フォアハンドに比べて手首が効くのでより精度の高いスライスを打つことができる。

PART 1

シングルスで勝てるストロークを身につける

POINT 1　深く返球して態勢を整える

相手コートの深いところにスライスをコントロールして、相手からの返球を待つ。より回転をかけることで、体勢を整える時間をつくる。

POINT 2　面を固定してボールを下からこする

インパクトの瞬間、グリップを強く握る。ラケット面を固定して、ボール下側をこすりながら押し出すイメージ。

PART 1 ▶ スライス（バックハンド中高）

コツ14 スライスを使い戦術で上回る

肩越しにボールを見て引きつける

Check Point!
① 深い返球でラリーに変化をつける
② 力加減を調整しネット際に落とす

スライスで相手を惑わせ前後に走らせる

　シングルスの試合では、お互いが相手の強打を回避するためにバックハンドの打ち合いが多くなる。このようなバックハンドでのラリー戦では、自力やスタミナのある選手が勝ってしまう。ラリーのなかでスライスショットを使うことにより、単調な打ち合いに変化が生まれる。**打球のスピードで惑わすことはもちろん、ネット際にボールを落とす技術があれば、相手を前後に走らせる戦術も可能になるのだ。**

　特にバックハンドの場合、できるだけ相手にスライスを打つと悟られないようテイクバックに入り、打つコースと距離を見極めて打点をとる。高い打点で打てるときは、こちらから仕掛けられる絶好の機会。スライスを攻撃的なショットとしてとらえ、リスクを恐れず積極的に攻めていくことが大切だ。

高い打点では積極的に攻める

打点が高いところからのスライスショットは、攻撃的に仕掛けていくことが大切。長いスライスを打つときは、しっかりフォロースルーをとりベースライン付近まで飛ばす。ネット際に落とすなら力加減を調整してコントロールする。

シングルスで勝てるストロークを身につける

POINT 1　深い返球でラリーに変化をつける

相手コートの深いところや短いところにスライスをコントロールして、打球に変化をつけることでラリーにメリハリをつける。

POINT 2　力加減を調整しネット際に落とす

相手を走らせるため、短いスライスを打つ。力加減を調整してネット際に落ちるようコントロールすることがポイント。

PART 1 ▶ シングルスのフットワーク

コツ15 センターを起点にコート上を走る

フットワークを使ってすばやく打点に入る

Check Point!
① センターを起点にフットワークを使う
② 最短距離で落下点に入る
③ フォアハンドでコート右に動く
④ バックハンドでコート左に動く
⑤ フォアハンドでコート前に動く
⑥ バックハンドからコート後ろに動く

センターを起点にフットワークを使う

シングルスの試合で活躍できる選手は、ストロークの強さはもちろん、サービスとレシーブの安定感、そしてラリーを継続するためのフットワークの良さを兼ね備えている。ダブルスの試合では、ペアの前衛が立っている位置や相手が狙ってくるコースに対して、後衛が臨機応変に自分のポジションを変えてフォローする。しかし、シングルスの試合では相手が返したボールを自分がどう拾うかがポイントになる。

そのためには、あらゆるボールに対応できるポジショニングをとることが大切だ。ベースラインの中央にあるセンターマークを起点に、相手ボールに対して反応し、打ったらまたその位置に戻るフットワークを身につける。相手のフォームを観察しながら打ってくる球種やスピード、変化、落下点なども予測してポジショニングする。

PART 1

シングルスで勝てるストロークを身につける

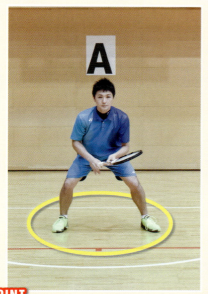

POINT 1 センターを起点にフットワークを使う

フットワークの起点となるのがセンターだ。コート全面をひとりでカバーするためには、どんなボールにも対応できるセンターポジションを意識することが大事。「センターで待球姿勢をとる」「打ったらセンターに戻る」フットワークを体に覚え込ませる。

POINT 2 最短距離で落下点に入る

返球をただ待つのではなく、相手のショットのフォームをじっくり観察しながら打ってくる球種やスピード、変化、落下点なども予測してポジショニングする。特にフットワークの一歩目は大事。最短距離でボールの落下点に入ることができるよう準備。

POINT 3 フォアハンドでコート右に動く

打球にあわせて一歩目のスタートを切る。

しっかりボールを打ってセンターに戻る準備。

すばやいフットワークでセンターに戻る。

POINT 4 バックハンドでコート左に動く

打球にあわせて一歩目のスタートを切る。

バックハンドで打ち、センターに戻る準備へ。

すばやいフットワークでセンターに戻る。

POINT 5 フォアハンドでコート前に動く

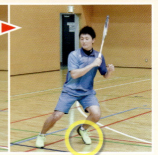

打球にあわせて一歩目のスタートを切る。

フォアハンドで打ち、センターに戻る準備に入る。

ボールを見ながらクロスステップでセンターに戻る。

POINT 6 バックハンドからコート後ろに動く

打球にあわせて一歩目のスタートを切る。

バックハンドで打ち、センターに戻る準備。

ボールを見ながらクロスステップでセンターに戻る。

PART 2 サービスで相手を崩す

POINT 1 スピードのあるサービスで相手を力で圧倒する

スピード重視でいくなら、フラットサービスが有効。男子選手のように、ある程度の球威があれば相手レシーブを力で封じることも可能。試合での確率が悪ければ、スライスやリバースなどを織り交ぜて相手を惑わすことができる。

POINT 2 ボールに変化をつけて相手レシーブを封じる

ボールの軌道とバウンドに変化をつけるサービスは、スピードはないものの相手のレシーブミスを誘うことができる。内側に切るスライス、外側に切るリバース、下から切るカットなどが打てると相手を前後左右に動かすことができる。

POINT 3 サービスでコースをついてレシーブへの対応を準備する

サービスの狙いどころは、大きく分けて三つ。サービスエリア後方のセンター、ミドル、クロスだ。それぞれのコースを狙えることはもちろん、そのコースに決まったサービスに対し、相手レシーブがどのコースに返ってくるかイメージすることが大事。

プラスワンアドバイス サービスの確率が低ければコースを重視する

コンディションによってサービスの成功率が低く、守勢にまわってしまうこともある。そういう場合は、ファーストからセカンドのサービスでコース重視の戦略を立てることも効果的。サービスを打つ以上、ゲームの主導権は自分にあると理解する。

PART 2 ▶ フラットサービス

コツ 17 高い打点から強くインパクト

Check Point!
1. トスは高くまっすぐあげる
2. ヒジを伸ばしてラケットを振りおろす

軽くジャンプしながら体の前方でインパクト

フラットサービスは高い打点からボールに対して、ラケットをまっすぐに打ちおろすサービス。ボールの回転が少なく直線的に飛ぶため、サービスの中でもっともスピードがあり、威力のあるボールを打つことができる。コースに決めてサービスエースを狙うなど、積極的に攻めたいファーストサービスで使うと効果的だ。

トスをまっすぐ高くあげ、体のやや前でインパクトするとウェイトも乗った勢いのあるサービスが打てる。**ポイントはヒジを伸ばした状態で、高い打点からフラットにラケットを振りおろすこと。**体の前方でボールをとらえるイメージでインパクトすると、ネットに対して理想の角度でヒットできて、力強いボールが飛んでいく。トスからジャンプ、インパクトへの流れのリズムを体で覚えることで確率がアップする。

強いサービスで相手を圧倒する

フラットサービスは球質が速く、威力があるため、ファーストサービスとして使う選手が多い。確率は落ちても、相手にとって脅威となるサービスを目指すことが大事。ファーストから相手を押し込むためには必要なテクニックで、変化をつける他のサービスとのコンビネーションでさらに威力が増す。

PART 2

サービスで相手を崩す

ラケット面でボールをフラットに捉える

POINT 1 トスは高くまっすぐあげる

高い打点でボールをインパクトするためにも、トスはまっすぐ高くあげる。トスがブレてしまうとインパクトが安定しない。

POINT 2 ヒジを伸ばしてラケットを振りおろす

インパクトではヒジをしっかり伸ばすことが理想。体のやや前でヒットする。そうすることで、サービスのスピードがアップする。

PART 2　▶スライスサービス

コツ 18　ボールの斜め上をインパクトする

Check Point!
❶ ボールの上側を打って打球に回転をかける
❷ ヒジが伸びた高い打点で打つ

スピンをかけて確実にサービスを入れる

　スライスサービスは、ボールの上側を叩きスピンをかけるため、高い軌道からネットを越えるあたりで落下して入る。サービス自体のスピードとバウンド後の勢いもあるので、攻撃的に打つファーストサービスとしても、確実に入れたいセカンドサービスとしても活用できる。
　トスを体のやや前に高くあげ、ボールの外側の斜め上をこするようなイメージで打つのがポイント。ヒザをやわらかく曲げてタメをつくり、体を反らせて全身のバネを使ってスイング。そうすることでラケットのスピードがあがり、強烈なトップスピンをかけることができる。グリップはウエスタングリップよりもイースタングリップの方が適している。正確にコントロールできれば、相手の苦手なコースを狙ったりして、ゲームの主導権を握ることができる。

プラスワンアドバイス コントロール重視で優位に立つ

スライスサービスはフラットサービスと比べると、スピードは落ちるものの、やや高い軌道から落ちて相手コートでバウンドするため、確率も高くセカンドはもちろんファーストとしても使える。そのためには狙ったコースに打てる技術が必要。レシーバーと駆け引きしながら、サービスで主導権を握る。

サービスで相手を崩す

高い軌道からスピンをかけて落とす

POINT 1 ボールの上側を打って打球に回転をかける

インパクトではボール上側をこすってスピンをかけ、正確にコントロールする。フラットサービスよりやや高い軌道でボールが飛ぶ。

POINT 2 ヒジが伸びた高い打点で打つ

ヒジが伸びきった高い打点から、角度とスピンのある速いサービスを狙う。コースに決まれば、サービスエースを狙うこともできる。

PART 2 ▶ リバースサービス

コツ19 ボールの内側を打ってシュートさせる

Check Point!
① 相手バックハンド側に切れていくボールを打つ
② 手首をひねりながらボール内側を打つ

ほかのサービスと使い分けて相手を惑わす

リバースサービスはファーストとしてだけでなく、スピードを抑えれば、セカンドとしても使えるサービスだ。スピードが出るフラットサービスよりも威力は落ちるものの、入る確率が高く、バウンド後の変化で相手のレシーブミスを誘うことができる。

コースを狙って打つ場合、右利きのレシーバーにとってはバック側に切れていくためレシーブでの強打が難しい。**スピードの**あるフラットサービスやバウンド後に大きく弾むスライスサービスと合わせて使うことで、相手の目先を変えることができ、戦術的な価値がある。

右利きの場合、手首を親指側にひねりながらインパクトしてボールの左側を打ち、ボールにシュート回転を与える。ほかのサービスと使い分けることで相手を混乱させることができる。

プラスワンアドバイス 1 相手のバックサイドを狙う

リバースサービスはサーバーの利き腕側に変化していくサービス。レシーバーが同じ利き腕ならバックハンド側にボールが切れていくため、コースをつけば相手フォアハンドの強打を抑えることが可能になる。フラットやスライスとのコンビネーションでリバースサービスを出すことで、相手の読みを外すことができる。

PART 2 サービスで相手を崩す

ボールの内側を打って シュート回転をかける

POINT 1 相手バックハンド側に切れていくボールを打つ

シュート回転するため、相手バックハンドが狙い目の場合、積極的に打っていくと効果的。バウンド後、さらにバックサイドにボールが切れる。
※右利きの場合

POINT 2 手首をひねりながらボール内側を打つ

インパクト後のスイングで手首をひねりつつ、親指が下を向くようにスイングする。フォロースルーは自然にラケットを振りおろす。

PART 2 ▶ アンダーハンドサービス

コツ20 ボールの下側をカットする

Check Point!
① グリップを短く持ちかがんで構える
② 落ちるボールを下から切るように打つ

予測できない動きでボールが変化するならファーストで使う

アンダーハンドサービスは、回転量が少ないと相手にとってはレシーブしやすい。逆に回転量の多いサービスは、その回転の多さから精度が低く、コントロールが難しい。自分のアンダーハンドサービスの確率やバウンド後の変化を考え、バウンド後の変化も予測しにくいカットならファースト、安定的に低く飛び確率が良いならセカンドで使う。

サービスの打ち方は、かがむような姿勢で低い打点からボールを切るように打つ。トスはあげずに落とすようなイメージ。

下からのカットサービスはボールとラケット面の接触時間が長いため、打球に多くの回転を加えることができる。レシーバーは、スピンのかかり方によって、変化が違うので強打することが難しい。

カットの強弱によって使い分ける

アンダーハンドからのカットサービスは、確率を重視すればセカンドとして使えるが、前衛がいないシングルスではやや不利になる。

相手に強いレシーブをさせないためには、強くカットして不規則な軌道で飛び、大きく弾まないサービスが有効。変化にキレがあるならば、確率がやや落ちてもファーストから使う。

PART 2　サービスで相手を崩す

ボールの下側を切り回転をかける

POINT 1　グリップを短く持ちかがんで構える

グリップはやや短く持ち構える。トスは投げずに落とすイメージで。コンパクトにスイングしてボールをコントロールする。

POINT 2　落ちるボールを下から切るように打つ

ボールの下側を横から切るようにヒット。ラケット面とボールの接地時間を長くすることで、より回転をかけることができる。

PART 2 ▶ レシーブのポジショニング

コツ 21 サービスに対してポジショニングを変える

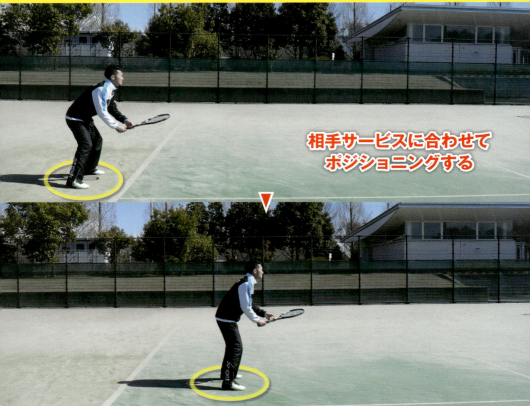

相手サービスに合わせてポジショニングする

相手との駆け引きを制しレシーブで主導権をとる

　サービスがどのような種類であっても、相手が嫌がるレシーブをしなければラリーで主導権を握られてしまう。まずはレシーブの正しいポジショニングを確認する。
　スピードと勢いのあるファーストサービスに対しては、ベースライン際までさがって待球姿勢をとる。相手サービスのコースに対してバックハンド側をケアしたり、フォアハンドで強打できる位置で構えることも有効だ。

相手の戦術や狙いによって、ついてくるコースやスピード・変化が、ポイントごとに違ってくるので柔軟に対応する。相手との駆け引きを制し、レシーブから主導権を握る。
　セカンドサービスに対しては、1～2歩分前に出てより高い打点でヒットできるよう準備する。ファーストサービスよりもスピードはないので、レシーブに集中することが大切だ。

ボレー&スマッシュで得点する

PART 3

PART 3　ボレーの種類

コツ22 ボレーの技術を使い分けて得点力をあげる

Check Point!
1. フォアハとバックから質の高いボレーを打つ
2. 前後左右に動いてボレーを決める
3. アプローチで相手を追い込んでボレーする

ボレーやスマッシュで得点を決める

ボレーからの決定打でポイントを奪う

　ボレーは相手の打球をノーバウンドで打ち返す技術。前衛のいないシングルスの場合は、得点を決める重要なテクニックとなる。ストロークと同様に利き腕側にきたボールを処理することをフォアボレー、その反対側にきたボールを処理することをバックボレーという。ボレーは相手コートの近い位置でボールを打つため、返球に対する判断と機敏な動作が必要だ。

　打点の高さに応じてボレーの使い分けができることがポイント。チャンスボールを確実に決めるハイボレーは攻撃的なショット、コート前方にいるときに使うローボレーは守備的なショットとなる。
　相手からの浮き球をサービスのように高い打点で上から打つスマッシュをマスターしておけば、ボレーに加えて得点力が大幅にアップする。

PART 3

ボレー&スマッシュで得点する

POINT 1 フォアとバックから質の高いボレーを打つ

ストロークと同じようにボレーにもフォアハンドとバックハンドがある。攻守で高い技術レベルを得たいなら、どちら側でも自由自在にボレーできることが大事。勝敗を左右するショットだけに、どちら側にボールがきてもしっかり対応する。

POINT 2 前後左右に動いてボレーを決める

試合ではチャンスボールに飛びついたり、浮き球を豪快にハイボレーで決めることがある。このような左右の動きに加え、コート前方にいるときは足元にくるローボレーで対応する。前に出ている途中やさがりながらでも、正確に返せる技術が必要だ。

POINT 3 アプローチで相手を追い込んでボレーする

ラリー重視のシングルス戦では、ボレーは軽視されがちな技術だが、高いレベルの試合では貴重な得点源となる。まずボレーを打つ前のアプローチショットで相手を追い込み、返球を予測したポジショニングでボールを待つことが成功のカギ。

プラスワンアドバイス 1 浮き球は豪快にスマッシュで叩く

スマッシュは相手が打った浮き球を、後方にさがりながら上から叩くテクニック。シングルスの試合では、コート前方でのポジショニングで積極的に打っていく。より高い打点でショットに角度をつけ、相手が拾えない打球にすることがポイント。

PART 3 ▶ ローボレー（フォアハンド）

コツ23 ボールを乗せるようにスイングする

映像でCHECK!

コンパクトなスイングでボールに当てる

Check Point!
① ボレーは止まってボールを打つ
② ドライブ回転をかけて勢いをつける

フォロースルーをとってボールをコントロールする

ローボレーは、腰より低い打点でボールを処理するテクニック。ベースラインから前に出てボールを拾い、センターに戻る前に足元を狙われたときなどは、ローボレーで対応して返球する。ボレーではもっとも難易度の高いテクニックだが、シングルスの試合では必要な技術。

ローボレーの成功のカギは、ヒザをやわらかく使うこと。特に軸足に体重を乗せたときに、ヒザをやわらかく曲げてタメをつくる。下から上にボールを乗せるようにラケットを振り、大きくフォロースルーをとってボールをコントロールする。

打点が低いため、ポジションによってはネットに引っ掛けやすい。下からボールを持ちあげるようにラケットを振ることが大事。インパクトでドライブ回転をかけることで、相手が返しにくいボールとなる。

プラスワンアドバイス 1 腰を落としてスイングする

PART 3 ボレー&スマッシュで得点する

ローボレーを使う場所は、サービスラインあたりを中心にコート中央周辺が多い。低いところからネットにかけずボレーするには、しっかり腰を落としてスイングすることが大事。腕だけのスイングにならないよう、足を動かしてボールにアプローチする。

POINT 1 ボレーは止まってボールを打つ

相手が狙ってきた足元のボールは、足を止めてボールを待ちそこからスイングに入る。準備が遅れると、足元のボールに対応できない。

POINT 2 ドライブ回転をかけて勢いをつける

ラケットを下から上に振り抜くことで、ボールにドライブ回転をかけて勢いをつける。横振りになるとミスの原因になる。

PART 3 ▶ ローボレー（バックハンド）

コツ24 足を止めて半身でバックスイング

映像でCHECK!

Check Point!
① 足を止めて待球姿勢をとる
② 半身になって下から上にスイングする

足を止めてテイクバックをとる

相手の狙いどころのバックハンドを強化する

　足元にきたボールをダイレクトで返すローボレーは、ポイントを狙いにいくというよりは守備的なシーンに使われる。ネット際でボールを拾いセンターまで戻る途中や自分が打った攻撃的なアプローチに対して、相手が好返球したときにローボレーで対応する。

バックハンド側にきたボールに対して、待球姿勢で足を止めてからバックスイングに入ることが大事。このとき半身となって、利き腕側の肩を入れた状態にすること。そこからラケットを下から上へ振り抜いていく。フォアハンドと同じように大振りせず、ボールを運ぶようなイメージでインパクトする。

　下から上にラケットを振り抜くことで、ボールにドライブ回転をかけて打球に勢いをつける。

プラスワンアドバイス 1 低い姿勢から止まって打つ

PART 3 ボレー&スマッシュで得点する

前に出ながらのローボレーはもちろん、下がりながらもボレーする機会はある。どちらもボールを打つときは足を止めて、スイングすることが大切。体が動いていると目線もブレて正しくインパクトができない。しっかり止まり、できるだけ低い姿勢からスイングする。

POINT 1 待球姿勢から足を止めて構える

ボールをしっかり見て、待球姿勢から足を止める。半身の体勢から利き腕側の肩を入れてバックスイングに入る。

POINT 2 半身になって下から上にスイングする

ラケットを下から上へ振り抜く。強打するのではなく、ミート中心でボールを乗せる。狙ったコースに向けてフォロースルーをとる。

PART 3 ▶ ハイボレー（フォアハンド）

コツ25 コンパクトなスイングでボールを押し出す

映像でCHECK!

Check Point!
① フットワークを使ってすばやく前に出る
② 相手の体勢をよく見てボールに飛びつく

足を踏み込みボレーする

あまくなった浮き球をコンパクトにコースへ打ち返す

相手のロビングが甘くなったときやチャンスボールの浮き球を確実にポイントにつなげるためには、ハイボレーで対応することも必要。

このテクニックは、頭よりも高い打点でボールを打つので、腕を伸ばして体から離れた場所でインパクトする。打点の高さによってはジャンプする必要もあるため、ボールとの距離感やタイミングのとり方が難しい。

ポイントはラケットを大振りせずにコンパクトに振って、コースを狙って打ち返すこと。スマッシュのように振ってしまうとミスにつながる。

相手を追い込んでいる状況なら、すばやく前に出て構え、そこから打点に入るフットワークが重要となる。足を踏み込んでボレーする。

プラスワンアドバイス 1 相手がいないコースを狙う

試合でハイボレーを打つのは、決定的な場面が多い。そのため確実にポイントを決めることが最優先となる。打球の強さやスピードよりもコースを重視。スマッシュよりも角度がつかないので、相手のいないコースを狙ってボールをインパクトする。

PART 3
ボレー&スマッシュで得点する

POINT 1 フットワークを使ってすばやく前に出る

アプローチで前に出てからハイボレーするときは、足を小刻みに動かしてタイミングを合わせ、ボールを待つ。

POINT 2 相手の体勢をよく見てボールに飛びつく

待球姿勢から相手の体勢をよく見て、チャンスボールに飛びつく。大振りはミスの原因。

PART 3 ハイボレー（バックハンド）

コツ26 肩を入れテイクバックしてボールをヒット

映像でCHECK!

Check Point!
① フォロースルーはあまりとらず押し出す
② 打点位置をイメージしてスイング

ボールの落下点に入ってテイクバック

バックハンド側にきた浮き球にボレーで対応する

バックハンドのハイボレーは強いショットが打ちにくく、弱点としている選手も多い。しかし苦手を抱えたままプレーしていては制約ができてしまう。強打のアプローチで前に出たら、ボレーを決める場面では確実にポイントを決めたいところ。

スマッシュと違ってスイングに時間的な余裕がないハイボレーでは、チャンスボールだからといって、大振りしてしまうとミスの原因になる。**相手コートの空いているコースに打てるよう、足を動かしてコンパクトなスイングを心がけよう**。特にバックハンド側は、相手が浮き球で狙ってくるコースなので対応できるよう練習する。

返球コースがあまくなってしまうと、逆にピンチになってしまうので注意。しっかりコースを狙ってラケットを押し出すようなイメージでボールをインパクトする。

バックハンドからの攻撃を強化する

バックハンドは選手にとってウィークポイントになりがち。せっかくのチャンスボールでもしっかり対応できないと、相手につけ入るスキを与えてしまう。特に浮き球の処理は、難しいテクニックだが、バウンドする前に打つことができればポイントになりやすい。

PART 3 ボレー&スマッシュで得点する

POINT 1 フォロースルーはあまりとらず押し出す

肩越しにボールをみてバックスイングし、押し出すように打つ。フォロースルーは小さめにして、大振りにならないよう注意。

POINT 2 打点位置をイメージしてスイング

待球姿勢からすばやくテイクバックに入り、打点位置をイメージしてスイングに入る。足を引いて、インパクトと同時に足を踏み込む。

PART 3 スマッシュ（フォアハンド）

コツ27 浮いた返球を上から叩く

映像でCHECK!

Check Point!
1. できるだけ高い打点でスマッシュに角度をつける
2. バックスイングからボールをインパクト

落下点に入りテイクバックをとる

チャンスボールを確実にものにする

　スマッシュは、相手の返球が甘くなったロビングやレシーブミスを高い打点でヒットする。サービスのように頭より高い位置でインパクトする攻撃的なショットのため、得点に結びつきやすい。確実にポイントに結びつけるには、すばやく落下点に入るフットワークと正確にボールをミートするラケット操作が必要。

　相手からの返球は、スピードや回転が異なり、打ってくるコースや高さも違う。これらの飛球に対して、すばやく判断してボールの落下点に移動し待ち構えることが大事。フットワーク全般でヒザにゆとりを持ち、左手でバランスをとりながら、体が開かないようにテイクバック。体をねじるようにしてためた全身の力をインパクトの瞬間、ボールに集中させて上からラケットを振りおろす。

PART 3 ボレー&スマッシュで得点する

プラスワンアドバイス 1 相手のロブを読んで待ち構える

スマッシュを打つのはネット際からミドルエリア付近となる。相手の返球が浮き球になったら、すばやく落下点に入りスマッシュの体勢をとる。自分が打ったアプローチが効果的なら、相手がロブで逃げてくるのを読んで待ち構えることで、先手を打つこともできる。

POINT 1 できるだけ高い打点でスマッシュに角度をつける

左手をあげてバランスをとり、高い打点からのスマッシュでボールに角度をつける。そうすることで確率の高いショットとなる。

POINT 2 バックスイングからボールをインパクト

体をねじったバックスイングから、上体を戻しながらボールをインパクトする。身体の力を利用することで強い打球になる。

PART 3 スマッシュ（バックハンド）

コツ 28 肩越しにボールをみて上から叩く

Check Point!
① 大振りせずコンパクトに振る
② 軽いジャンプからタイミングを合わせて打つ

落下点に入りテイクバックに入る

スマッシュを使い分けて決定力をアップする

　アプローチから前に出て、待ち構えたところに相手はロブで頭上を狙ってくる。特にバックハンド側は強いショットを打つのが難しいだけに、ウィークポイントになりがち。ダブルスの場合は、ペアがフォローしてくれることがあるがシングルスでは、自分が返球しなければならない。バックハンドのスマッシュは、**ハイボレーの延長でコンパクトなスイングで上から叩く**。バックスイングで**肩越しにボールをみてスイングする**。打点をできるだけ高くとることで、スマッシュに角度がつき相手がボールを拾うチャンスをなくす。

　また頭上を大きく越えるような深いボールは、ジャンピングスマッシュで対応する。インパクト前に軽いジャンプを入れ、より高い打点でボールをヒットすることで強力なスマッシュを打つことができる。

苦しい体勢からでも強い打球を打つ

フォアハンドに回り込むことが難しい場合は、バックハンドのスマッシュを使う。前に出たところを相手が背後を狙ってくる状況なので、軽いジャンプも入れながら対応すること。体勢が崩れてもラケット面をコントロールし、できるだけ高い打点で打つ。

PART 3 ボレー&スマッシュで得点する

POINT 1 大振りせず コンパクトに振る

肩越しにボールをみてバックスイングし、コンパクトなスイングでボールを叩く。力任せに振るのはミスの原因。注意しよう。

POINT 2 軽いジャンプから タイミングを合わせて打つ

やや高いボールに対しては、軽いジャンプを入れる。高い打点にタイミングを合わせ、ボールを上から叩いて振りおろす。

PART 3 ►ストレッチ

コツ29 ウォーミングアップとクールダウンを行う

体をほぐして
ケガを防止する

Check Point!
❶ 筋肉を伸ばし
  15秒程度キープ
❷ 反動はつけずに
  ゆっくり伸ばす
❸ 左右交互に行って
  筋肉のバランスを整える

ストレッチでシングルスのパフォーマンスをあげる

　ウォーミングアップとクールダウンでストレッチを行うと、ケガの防止や筋肉の疲労軽減、緊張緩和などに効果がある。シングルスでは一人で**コート全面をカバーし、サービスやラリーはもちろん、ボレーやスマッシュの動作も必要になるので、練習や試合前後には習慣的にストレッチを行い、体をケアすることが大切だ。**
　ウォーミングアップのストレッチは、練習や試合での筋肉系のケガを防止する働きがある。十分に筋肉を温めてから、乱打などのストロークのウォーミングアップに入ろう。
　また練習や試合後には、クールダウンにストレッチを行い、筋肉の疲労を軽減しつつ、翌日以降のパフォーマンスの維持にも力を入れることが大切だ。

PART 3

首から肩、背にかけてを入念にほぐしていく

ボレー&スマッシュで得点する

首
背筋を伸ばし、肩のラインを水平にして、伸ばしたい筋肉と逆側の手で頭をゆっくり引き寄せるようにして倒す。伸ばしたい首の筋肉が持ち上がってしまったり、背中が丸まってしまうと効果がないので注意。

肩
顔は正面を向き、伸ばしたい手のヒジの上に逆の手を置いて頭の後ろで組む。ヒジを支点にして引きあげ、腕の筋肉からワキの下まで伸ばす。ヒジをなるべく高い位置に持っていくことで、ストレッチが効きやすくなる。

肩
腕を肩の高さまであげて地面と水平にする。逆側の手でヒジを抱え込み、伸ばす方の内側のヒジを胸につけるように伸ばす。伸ばす方の腕がさがってしまったり、しっかりヒジを抱えていないと効果が得られない。

背
頭の上で伸ばしたい方の手首を逆側の手でつかみ、伸ばしたい側の足に重心をかけてゆっくりと上体を横に倒す。このとき、腰から下は動かさずに上半身だけをしっかり伸ばすことがポイントになる。

モモや股関節など下半身をほぐす

腿

片足を前に出し、逆側の足は後ろにして立つ。ヒザを曲げて腰だけを落とす。

股関節

足を広げて立ち、腰を落とす。両ヒジで股関節を目一杯開いてやわらかくする。

ヒザを曲げずに両足を限界まで広げる。前傾姿勢になり両手で上半身を支える。

足首・手首をしっかりストレッチする

PART 3
ボレー&スマッシュで得点する

足首

片ヒザで座る。ヒザをつく足は足首を寝かせ逆側はモモとふくらはぎをつける。

肩幅に足を広げて直立する。片方の足首を曲げて、足の外側を地面につける。

手首

伸ばす方の手を地面と水平になるように前に伸ばし、手首を下方向に軽く曲げる。もう片方の手でゆっくり手前に引く。伸ばす方の手をリラックスさせるようにするのがポイント。手首だけでなく、ヒジのストレッチにもなる。

シングルスCOLUMN

コートに合った
シューズを選ぶ

　シングルスではダブルスでの後衛的な前後左右のラリーの動きに加え、前衛的なストップやジャンプなど、ボレーやスマッシュの動作が求められる。これからのプレーに柔軟に対応するためにも、シューズの性能とフィット感はポイント。近年のテニスシューズは形状やソールに工夫が凝らされ、よりアクティブな動作ができるものとなっている。

　トップ選手にはクレーやハードコート、人工芝などの屋外コートや屋内の板面などサーフェイスの違いによって、シューズを使い分けることもあるが、自分のプレースタイルや使用するコートに適したものを選ぶことが大切だ。

　オールコート用のタイプ、さらに体育館などの屋内で使うタイプも屋外と兼用できる仕様となっているため、自分の足にどのようなタイプのシューズがあうのか、練習や試合をするコートによっても違いがあるので、いろいろなシューズを試してみるのが良いだろう。

左がオールコート、
右が屋内屋外兼用。

シングルスで勝つための戦術

PART 4

PART 4　シングルスの戦術

コツ30　攻守で勝る戦術を構築する

Check Point!
① 狙うコースによって戦術を組み立てる
② 相手サービスの球質とコースに対応する
③ 崩れた体勢を打球後に整える

戦術を駆使して相手を上回る

センターセオリーから効果的な戦術を導く

シングルスの試合は「センターセオリー」を元に戦術を組み立てるのが基本。**常にセンターマークを中心にポジショニングや打球を意識することが大事。**

戦術を形にするためには、狙ったところに打てるサービスやショットの精度はもちろん、追い込まれた状況でもスライスやロブを使って相手の攻撃を回避する能力があってこそ成り立つといえる。

自分のサービスでは駆け引きを使って、いかに相手の体勢を崩すかポイント。エースを狙うファーストサービス、コースをつくセカンドサービスを使い分け、ラリーの主導権をとりにいく。

レシーブでは「受け身」となりがちなプレーだが、レシーブの精度を高めることで攻撃的なショットで攻め込み、四球目以降の決定打に導くこともできる。

PART 4

シングルスで勝つための戦術

POINT 1 狙うコースによって戦術を組み立てる

サービスからの戦術でポイントになるのが、サービスの種類と狙うコースだ。特に狙うコースでは駆け引きが必要。センター付近は基本となるとはいえ、クロスに効果的なサービスを入れることで相手をコート外へ崩すことができる。

POINT 2 相手サービスの球質とコースに対応する

レシーブでは相手サービスの球質やコースに対応して、できるだけ強く返球できることがポイント。そのためには柔軟に対応できるポジショニングで構え、相手サービスを待つこと。チャンスがあれば強打してラリーの主導権を握る。

POINT 3 崩れた体勢を打球後に整える

ラリーでは相手の体勢をいかに崩すかがポイント。自分の体勢が崩れているときは、打球後に時間をつくることができるロビングやスライスを効果的に使う。前衛がいない分、ショットに制約が少ないのでラリーに変化をつけることが有効だ。

プラスワンアドバイス 1 相手を追い込み確実に決める

チャンスボールを確実に決めるテクニックも大事。特に前衛のスキルであるボレーやスマッシュは、決定打となるショット。相手のいないコースやコート前方に短いショットを落とすコントロールの精度もアップして、確実にポイントをとる。

PART 4　サービスからの攻撃①

コツ31 センターを軸に相手を崩す

映像でCHECK!

サービスをセンターに入れて攻撃を組み立てる

Check Point!
① サービスをセンターに入れる
② センターで構えて待球姿勢をとる
③ チャンスでは積極的に攻める

POINT 1　サービスをセンターに入れる

センターへのサービスは、相手のレシーブに角度をつけることを難しくする。レシーブがセンター付近に集まり、三球目の対応がしやすくなる。

POINT 2　センターで構えて待球姿勢をとる

サービスを打ったらセンターで構え、待球姿勢をとる。相手のレシーブの体勢を見ながら次のショットをどこに打つかイメージする。

センターにサービスを入れる

センターへのサービスからの攻撃は、組み立てやすい戦術のひとつ。サービスが甘くなければ、レシーブのコースも読めるため三球目以降のラリーでも主導権を握ることができる。ラリーでは球質やスピードに強弱をつけて相手に自由に打たせない。

チャンスがあれば厳しいコースを狙う

POINT 3 チャンスでは積極的に攻める

ラリーで相手の体勢が崩れたり、ボールが甘いところに返ってきたときは積極的にコースを狙って、ポイントをとりにいく。

プラスワンアドバイス ストロークにメリハリをつける

シュートボールを打つにしても同じスピードや高さにするのではなく、強弱や高低でメリハリをつけることで、相手に的を絞らせない。

PART 4 ▶ サービスからの攻撃②

コツ 32 サービスで相手の体勢を崩す

映像でCHECK!

サービスをクロスに入れて相手をコート外に出す

Check Point!
❶ サービスをクロスに入れる
❷ センターで構えて待球姿勢をとる
❸ 空いているコースを狙う

POINT 1 サービスをクロスに入れる

クロスにサービスを打つ場合、フラットサービスならエースを狙い、スライスなら切れていくような球質で相手をコート外に追いやる。

POINT 2 センターで構えて待球姿勢をとる

サービスを打ったらセンターで構え、待球姿勢をとる。サービスが甘いとクロスに角度のあるレシーブを打ってくるので注意。

クロスへのサービスで仕掛ける

フォアハンドを得意とする選手が多いため、クロスへのサービスはリスクがある。しかしセンターに質の高いサービスを入れていれば、一転してクロスへのサービスが効果的となる。フラットかスライスの強い回転で相手をコート外に追い出す。

PART 4

シングルスで勝つための戦術

オープンスペースを狙う

POINT 3

空いているコースを狙う

サービスが効果的に決まれば、あとは空いているコースに返球するだけでポイントになる。大振りせずコンパクトなスイングで打つ。

プラスワンアドバイス

フォアハンドからの強打を警戒する

クロスへのサービスを相手にしっかり対応されると、レシーブに角度がつき相手のチャンスとなる。フォアハンドからの強打に注意。

PART 4 ▶ レシーブからの攻撃①

コツ33 前に出て相手の時間を奪う

映像でCHECK!

返球したら前に出て
ポジショニングをとる

Check Point!
① チャンスとみたら前に出て仕掛ける
② 強く深いボールを打って前に出る
③ 低いボールはローボレーを打つ

POINT 1 チャンスとみたら前に出て仕掛ける

サービスやレシーブ後に相手の返球が甘ければ、強打してから前に出て攻撃を仕掛けることで、相手に次ショットの余裕を与えない。

POINT 2 強く深いボールを打って前に出る

前に出るときのレシーブは、強く深いボールを心がける。中途半端な打球では逆に相手のチャンスボールとなってしまうので注意。

PART 4

シングルスで勝つための戦術

すばやく前につめる

前に出るメリットは、相手にショット後の時間を与えず返球できる点だ。相手をある程度、追いつめるような強いレシーブからすばやく前に出ることが大事。そこで返球コースにポジショニングすることで、ボレーやスマッシュのチャンスが生まれる。

前に出て
ボレーを決める

POINT 3 低いボールはローボレーを打つ

足元にくるボールはローボレーで対応。難しい技術だが、空いているコースにボールを流し込むだけでポイントを奪うことができる。

プラスワンアドバイス 1 浮き球はボレーやスマッシュで決める

浮き球がきたら大振りせずスマッシュを叩き込む。スマッシュほど高い打点がとれない場合でも、慌てずボレーでコースを狙う。

PART 4 ▶ レシーブからの攻撃②

コツ34 前に相手を走らせチャンスをつくる

映像でCHECK!

ボールをコート前に
落として相手を走らせる

Check Point!
❶ コート前方に
   ボールをコントロール
❷ 精度の高いボールを
   打って前に出る
❸ チャンスボールは
   ボレーで決める

POINT 1　コート前方にボールをコントロール

ツイストは相手の意表をついて、コート前方に落とすテクニック。クロス気味にボールを打つことで相手を前に走らせることができる。

POINT 2　精度の高いボールを打って前に出る

ツイストを打ったら前に出て、相手の返球コースにポジショニングをとり待ち構える。ツイストが甘いと逆にピンチとなるので注意。

PART 4

シングルスで勝つための戦術

相手を走らせてチャンスをつくる

相手の体勢の崩し方として、前に走らせることは有効な戦術。ツイストは意表つくタイミングで繰り出したり、相手のポジショニング深いときに積極的に使ってみよう。できるだけ相手に長い距離を走らせるためには、クロス方向への打球が効果的。

POINT 3 チャンスボールはボレーで決める

相手がボールを拾って返球してきたら、チャンスボールはボレーで対応する。相手が戻ることが難しいコート後方が狙い目。

プラスワンアドバイス 1 浮き球はさがってスマッシュを打つ

相手に返球の余裕がある場合は、背後が狙われることがある。浮き球に対してすばやく反応してスマッシュを打つ体勢に入る。

PART 4 ▶ スライスのラリー

コツ35 スライスのラリーでペースを握る

映像でCHECK!

スライスを使ってラリーを制する

Check Point!
① スライスを打って体勢を整える
② 高い打点からのスライスは攻撃的に打つ
③ スライスをコート前方に落とす

バウンド後の変化で相手に強打させない

　シングルスのゲームでは、スライスでのラリーが必須といえる。スライスショットを打てることはもちろん、正確に返球できることも勝敗を分けるカギとなる。
　スライスショットの使い方としては二つ。ひとつは守備的な場面で繰り出すショットとして使う。打球後にボールが飛んでいる時間がシュートボールよりも長いため、体勢を整えることができる。**バウンド後はボールが不規則に変化するので、相手も強いショットを打つことが難しい。**
　もうひとつは攻撃的な場面で、ラリーの強弱やアクセントとして使う。
　スライス自体の球質としては、シュートボールのようにコントロールしにくい面がある。ライン付近を狙うのではなく、エリアを狙い打ったり、コート前方に落とすようなイメージで使うと良いだろう。

PART 4

シングルスで勝つための戦術

POINT 1 スライスを打って体勢を整える

相手ショットで前後左右に走らされた場合、自分の体勢が崩れてしまったら、時間稼ぎのためのスライスを打つことが有効。ボールが飛球している間に体勢を整え、センターマークに戻ることが次のショットにつながる。

POINT 2 高い打点からのスライスは攻撃的に打つ

ある程度の高い打点でスライスを打つことができれば、ボールをコントロールして攻撃的なショットとしても活用できる。コート前方に相手を走らせたり、シュートボールの次に打って相手のタイミングを外すことも効果的だ。

POINT 3 スライスをコート前方に落とす

スライスをツイストとして使うことも有効。意表つくタイミングでショットを繰り出したり、相手のポジショニングが深いときは短くコントロールして、コート前方にボールを落とす。長い距離を走らせるためにクロス方向へ打球する。

プラスワンアドバイス 勝負を焦らずしっかり打ち合う

スライスでのラリーは我慢することが大事。勝負を焦って無理な体勢からシュートを打ったり、タイミングあっていないにも関わらず、強打でコースを狙いすぎるのもミスにつながる。相手が打つボールをしっかり見極めて対応しよう。

PART 4 ▶ シュートの狙い打ち

コツ36 相手の動きを見て逆をつく

シュートボールを使ってポイントをとる

Check Point!
1. 高さや深さを変えてシュートを打つ
2. センターマークを起点にラリーを展開する
3. 甘い返球には攻撃的に攻める

相手選手を観察して効果的なショットを出す

打ち合いで力量に大きな差がない場合は、センターを中心とするポジショニングと打球がラリーの中心となる。そのなかで相手を上回るショットを打つためには、観察力が大切だ。

まず相手選手の特徴や動きを見て、どんなタイミングで、どこに打つことが効果的か観察すること。足が遅い選手ならツイストを使って前に走らせ布石を打ったり、切り返しや反応が速い選手には、動く方向の逆をつくショットを繰り出すなど、相手のちょっとしたスキを見逃さないことがポイントになる。

これら戦術的なラリーを実践するためには、精度の高いシュートが打てることが基本。フォアハンドはもちろん、バックハンドでも相手に打ち負けない技術や体力を身につける。

PART 4

シングルスで勝つための戦術

POINT 1 高さや深さを変えて
シュートを打つ

センター中心のラリーでは相手の動きや出方をしっかりチェックする。そのなかで同じシュートボールを打つにしても、ボールの高さや深さ、スピードに変化をつけて、相手にリズムよく打たせないことがラリーのポイント。

POINT 2 センターマークを起点に
ラリーを展開する

相手が左右に振ってくるボールに対しては、しっかり足を動かし、返球することが大切だ。打球後はセンターマークまで戻って構え、次のショットに備える。一連の動作が遅れると、相手にチャンスを与えることになる。

POINT 3 甘い返球には
攻撃的に攻める

相手の返球が甘く入ったら、積極的にコースを狙う。すばやくボールに追いつき、打つところから角度がつく場合は、クロスのコースはもちろん、ストレートも狙い目となる。精度の高いボールでライン上を狙い、一気に相手を追いつめる。

プラスワン
アドバイス バックハンドの
打ち合いを制する

ラリーでのバックハンドの攻防もポイントのひとつ。フォアハンドよりもやや威力が落ちるバックハンドは、お互いにとって狙い目となる。バックハンドの打ち合いを制することができれば、優位に立つことができ、相手は別の戦略を余儀なくされる。

PART 4 ▶ フットワーク

コツ37 試合をイメージして足を動かす

① **クイックラン**
すばやく両足をマスに入れて、前に進んで行くステップ。

ラダーを使ってフットワークを磨く

　シングルスのゲームでは、「後衛」的な動きと「前衛」的な動きを一人でこなさなければならない。ボールを打つ前のフットワークでは、ストロークでの前後左右の動きに加え、ボレーやスマッシュでのストップ＆ゴーやジャンプの要素が必要になる。
　ラダーは、縄ハシゴのような器具を使って行うトレーニング。ウォーミングアップで行うことでからだを温める効果があり、敏捷性などをアップさせる効果もある。**シングルスの試合で、相手からの返球コースを読んで足を動かし、落下点にすばやく入る動作に結びつく。**
　ポイントは足をすばやく細かく動かすこと。正面を向いてよい姿勢を保ちながら、さまざまなステップを踏んでリズミカルな足運びを身につければ、実戦でのフットワークも向上するはずだ。

②クロスステップ
左右に重心移動しながら足を大きく交差させ、ラダーをまたぎながら進む。

③インアウトジャンプ
ジャンプしてマスの内側に着地。次のマスでは足を開いて外側に着地する。

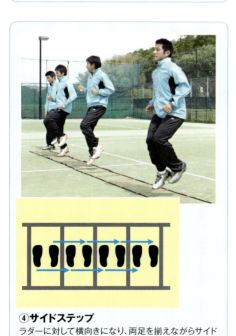

④サイドステップ
ラダーに対して横向きになり、両足を揃えながらサイドステップで横に進む。

⑤インアウトステップ
マスの外側から内側にステップして両足を揃える。バックステップして外側でも揃える。

PART 4 シングルスで勝つための戦術

・・・シングルスCOLUMN・・・

身につけるアイテムに
こだわり準備を整える

　ソフトテニスの試合は、トーナメントで一日に何試合もこなさなければならないことがある。屋外コートはもちろん、屋内でも長丁場を戦い抜く準備が必要だ。

　ひと昔前は、白いえり付きシャツに白いテニスシューズが定番だったが、今ではカラフルなウェアが主流となっている。ウェアは着心地がよく、汗をすばやく吸収して蒸発させる素材を使ったものがあり、機能性も大幅に向上している。パフォーマンスを低下させないためにも、ウェアにこだわってみても良いだろう。

　また、寒い時期の試合には、体を冷やさないためのコートやトレーニングウェアの着用は必須。屋外の試合では、直射日光を防ぎ、髪をまとめるためにもサンバイザーが効果的。サービスでのトスや高い打点で打つスマッシュ時の日差しのまぶしさを軽減してくれる。

ウェアは大会規定などにより着用できないタイプもあるので、事前に確認が必要。

シングルス対策のトレーニング

PART 5

PART 5 ▶ シングルス対策の練習

コツ38 練習にテーマを持って取り組む

Check Point!
1. 軽い乱打などで体を温める
2. ショット全体の精度をあげる
3. ショットの正確性をあげ決定的なショットを打つ

シングルスの試合を意識して練習する

実戦を想定してボールを打つ

　練習ではただ漫然とボールを打つのではなく、目的と課題を持って取り組むことが大切だ。シングルス対策の練習には、いくつかの要素が含まれている。第一はフットワークだ。シングルスの場合、一人でコート全面をカバーしなければならない。そのためには走り回ることができるスタミナはもちろん、センターマークを起点としたフットワークがポイントになる。**ショット後は必ずセンターに戻って、次のプレーに移るよう意識することで、その動作を体に覚えこませていく。**

　また、ストロークやショットにしても状況にあわせてボールの長短や高さ、回転を変えながら打っていく。実戦を想定しつつ、十分な体勢でなくてもラケットを操作し、狙ったところに打てるようになることでシングルスのプレーが上達する。

PART 5 シングルス対策のトレーニング

POINT 1 軽い乱打などで体を温める

練習には段階的に取り組む必要がある。その日の最初に取り組むのがウォーミングアップを兼ねた「乱打」などの打球練習だ。ラケットで軽くボールを打ち、徐々に体を温めていく。準備が整ったところで次の実戦的な練習に進むことでケガを防止する。

POINT 2 ショット全体の精度をあげる

シングルスの試合では、ダブルスの後衛が担うシュートボールやスライスの打ち分けに加え、ボレーやスマッシュなどで前衛が対応するプレーを一人で担わなければならない。全体的な精度をあげて、あらゆるショットが繰り出せるよう練習する。

POINT 3 ショットの正確性をあげ決定的なショットを打つ

実戦練習では、ショットの正確性に磨きをかけ、攻撃(または守備)のパターンを構築する。自分が狙い通りのところにアプローチをコントロールした場合、相手の返球がどのコースに飛んでくるのか理解し、次の決定的なショットを打ち込んでいく。

プラスワンアドバイス 1 一球一球を大事に練習に取り組む

「乱打」というひとつの練習をとっても、考え方や取り組み方でバリエーションが広がる。多人数で練習をする場合は、一人当たりの打球数が少なくなることもあるので、一球一球を大事にし、練習テーマに沿ったショットが打てるよう取り組む。

PART 5 ▶ボレー×ボレー

コツ39 至近距離でボレーを打ち合う

映像でCHECK!

Check Point!
① 地面にボールを落とさずボレーで打ち合う
② ストレートのコースでフォア・バックでボレーする

ストレートで軽く打ち合う

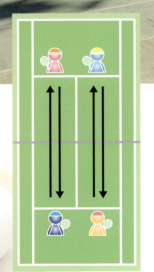

POINT 1 地面にボールを落とさずボレーで打ち合う

互いのサービスコート内で向き合い、ボールを地面に落とさないようボレーを打ち合う。

正面のペアとボレーを打ち合う

まずは徐々に体を動かすために、ウォーミングアップを兼ねてサービスエリア内で向き合いボレーを打ち合う。スムーズにフォアハンドとバックハンドの切り替えしを行い、至近距離でもボールに反応できるすばやいラケット操作を磨く。

シングルス対策のトレーニング

POINT 2 ストレートのコースでフォア・バックでボレーする

コースはストレートに限定し、そのなかでフォアハンド・バックハンドともに駆使する。

プラスワンアドバイス ゲームを取り入れテクニックを駆使する

サービスなしでゲームも可能。エリア内でボールを落とした方がポイントを失う。

PART 5　ショート乱打

コツ40 待球姿勢から足を動かしテイクバック

映像でCHECK!

Check Point!
① エリア限定で相手と打ち合う
② ボールをコントロールして丁寧につなぐ

サービスエリア内でラリーする

POINT 1　エリア限定で相手と打ち合う

サービスラインに立ち、相手と打ち合う。返球はサービスエリア内にコントロール。フォアハンド・バックハンドを駆使する。

短い距離でラリーをする

小さいエリアに力をコントロールしてボールを返球する。初心者の場合はストロークの種類を限定するとつながりやすくなる。

フォアハンド・バックハンドの切り替えがスムーズにいくように、待球姿勢から足を動かしテイクバックに入る。

PART 5 シングルス対策のトレーニング

POINT 2 ボールをコントロールして丁寧につなぐ

限定されたエリア内で、フォアハンド・バックハンドともに丁寧につなぐ。短い距離でもドライブ回転をかける。

プラスワンアドバイス 1 ストロークの種類を限定して乱打

ストロークの種類を「ドライブ」や「スライス」限定にしてラケット操作をマスターする。

PART 5 ▶乱打

コツ41 ストロークの質を向上させる

映像でCHECK!

Check Point!
① ストレートで相手と打ち合う
② 打球しながらコンディションを確認

ベースラインで相手と打ち合う

POINT 1 ストレートで相手と打ち合う

センターでコートを二等分し、ストレートのコースに限定して相手と打ち合う。徐々に体を温め、仕上げの段階へ。

コンディションを確認しながら打つ

PART 5
シングス対策のトレーニング

乱打はストローク練習の基本ともいえる。ダブルスではクロスで打ち合うラリーもあるが、シングルスの場合はストレートのコースを重視する。そのなかでドライブやスライスをコントロールし、相手が返球しにくいボールの質を求めていく。

POINT 2 打球しながらコンディションを確認

3種類の乱打を通じてその日のコンディションや打球感を確認しながら打ち、次以降の練習につなげていく。

プラスワンアドバイス 1 ボールの回転や変化をチェックする

「ドライブに対してはスライスで返球」というように、ストロークを限定すると実戦的。乱打を通じて練習する。

PART 5 サイドステップからコース打ち

コツ42 センターを起点に左右に動く

Check Point!
1. センターを起点に動作を開始する
2. サイドステップで左右に動く

打ったらセンターに戻る

POINT 1 センターを起点に動作を開始する

動作の起点となるのはセンターマークだ。打球後もセンターに戻って次に動く。

サイドステップを使って移動する

ベースラインでのラリーは、サイドステップで左右に動く。体が正面を向いていることでボールに注視し、無駄な動きをなくす。大きく動かされても正確にコントロールできるストロークを身につける。一本打ったら必ずセンターに戻って構える。

シングルス対策のトレーニング

POINT 2　サイドステップで左右に動く

左右の動きにはサイドステップを使い、常に体がコート正面に向いていること。

プラスワンアドバイス　狙いを定めて返球をコントロールする

コート角にコーンなどの目標物を置き、動かされても正確に打てるようコントロールする。

PART 5 ▶ 1対2のラリー

コツ 43 攻守の場面でショットを使い分ける

ラリーにハンデをつけて
ストローク練習する

Check Point!
① 左右に走らせるように配球する
② 攻撃的なショットで相手を追い込む

POINT 1 左右に走らせるように配球する

コート片側に1名、反対側に2名が入ってラリーを行う。2名はバランスよく左右に配球する。

PART 5

左右に走りながら効果的なショットを打つ

　２名側はベースラインの定位置で打つ。１名側の選手を左右に走らせるような配球を心がけて練習する。１名側は、左右に動きなからも効果的なショットが打てるよう工夫する。状況を考え、攻守それぞれの場面に適したショットを選択する。

シングルス対策のトレーニング

POINT 2　攻撃的なショットで相手を追い込む

１名の方はチャンスがあれば、ドライブやボレーを駆使してポイントをとりにいく。コート全面を使って、効果的なショットを打つ。

プラスワンアドバイス 1　スライスを打って体勢を整える

守りの場面においては、スライスを打って時間を稼ぎ、センターに戻って体勢を整える。

PART 5　▶ベースライン連続打ち

コツ44　クロスコースに強いボールを打つ

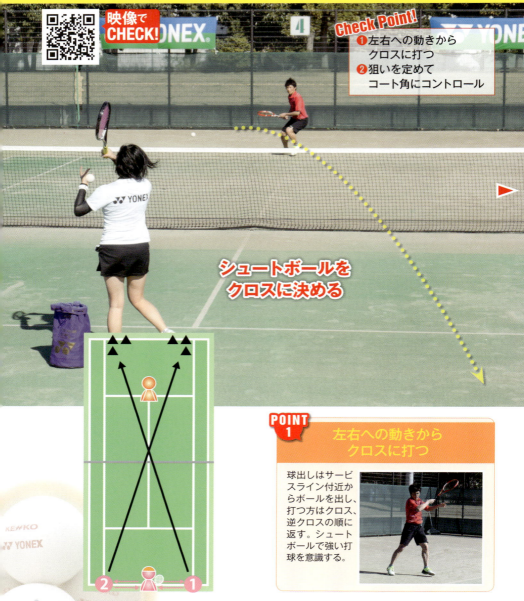

Check Point!
❶ 左右への動きからクロスに打つ
❷ 狙いを定めてコート角にコントロール

シュートボールをクロスに決める

POINT 1　左右への動きからクロスに打つ

球出しはサービスライン付近からボールを出し、打つ方はクロス、逆クロスの順に返す。シュートボールで強い打球を意識する。

PART 5

クロスのコースにシュートをコントロールする

試合で左右に大きく動かされると、相手は前に出てボレーを狙ってくる。そこで返球が甘くなってしまえば相手の思うツボだ。球出し位置を相手選手と想定し、角度のあるところからでも厳しいクロスコースに打てるようストロークを磨く。

シングルス対策のトレーニング

POINT 2 狙いを定めてコート角にコントロール

動かされても甘い返球とならないように、深いボールを意識してコート角を狙う。

プラスワンアドバイス 1 足を動かし打点を前にとる

左右に動かされても、できるだけ打点を前にとり強い返球を心がける。1本のショットを丁寧に打つこと。

PART 5 ▶ 前後のコートカバーリング

コツ 45 前後の動きのなかで状況判断する

Check Point!
① 前後への動きからボールを処理する
② 状況判断しながら適したショットを打つ

前にダッシュしてボールを拾う

打球例

POINT 1 前後への動きからボールを処理する

球出しがサービスライン付近から出したボールを後ろ・前の順にボールを返球する。

PART 5

ダッシュとバックステップで前後に動く

シングルスの試合では、コート全面をカバーするためにも前後の動きが必要。特に前に出てからのショット、そしてショット後のセンターに戻るスピードが大切だ。自分の体勢を考えつつ、どのようなショットを打てば効果的か考えてプレーする。

シングルス対策のトレーニング

 POINT 2 状況判断しながら適したショットを打つ

前後ろに動きながら、自分の体勢を判断しながら、適したショットを相手コートに打つ。

プラスワンアドバイス① 前で打ったらバックステップで戻る

前でボールを処理したら、すばやいバックステップでセンターまで戻り、逆サイドのボールを処理。

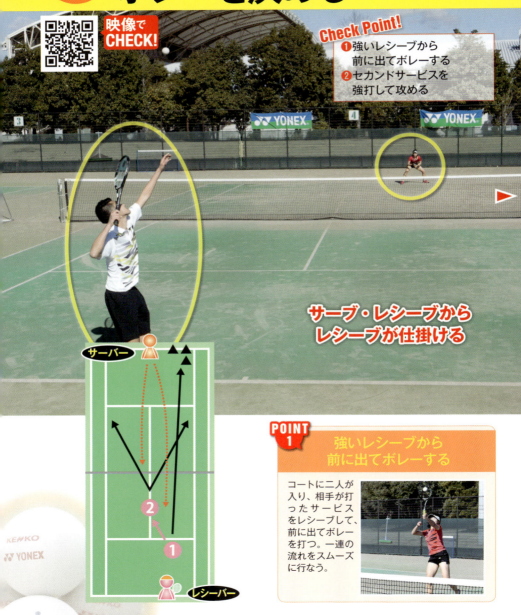

レシーブを強打してボレーを決める

　セカンドサービスは、レシーブ側の攻撃的な機会といえる。相手が嫌がる返球コースに強いレシーブを打って、前へ出る。このときネットまで詰める必要はない。相手の返球コースを予測したポジショニングまで一気に走ることがポイント。

シングルス対策のトレーニング

POINT 2 セカンドサービスを強打して攻める

サービスはセカンドを想定。スピードの落ちるサービスに対して強打のレシーブで攻める。相手が返球しにくい位置にコントロールする。

プラスワンアドバイス 1 すばやく前につめて相手に余裕を与えない

前に出るときは強いレシーブから、すばやく前に出て相手の時間を奪うことがポイント。

PART 5 ▶前後左右のコートカバーリング

コツ47 ボールに入りながら次のプレーを予測する

動きながら次の動作を予測する

映像でCHECK!

打球例

Check Point!
① 前後左右への動きからボールを処理する
② センターマークで待球姿勢をとる

POINT 1 前後左右への動きからボールを処理する

球出しがサービスライン付近から出したボールを後ろ前の順で両サイドから返球する。ショットは強い打球を心がける。

次のショットを予測して準備する

球出しの順番は「バックハンド後ろ」「フォアハンド前」「ミドル後ろ」（あるいはその逆）の順など。ボールを追いかけている段階で、自分が打つショットの次のプレーを予測する。そうすることで戦略的にもスムーズに動作することができる。

PART 5 シングルス対策のトレーニング

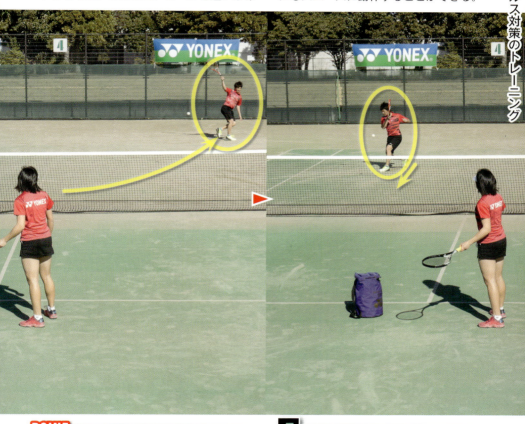

POINT 2 センターマークで待球姿勢をとる

ショットとショットのインターバルでは、すばやくセンターに戻って待球姿勢をとる。

プラスワンアドバイス 1 自分の体勢を考えてショットを選択する

前や後ろに対してのボールへの入り方と自分の体勢を考えて、攻守両面でショットを使い分けて打つ。

相手が返球しにくいコースに打つ

PART 5

シングルス対策のトレーニング

　フォアまたはバックのクロス前へのボールに対して、ミドルやクロスに返球すれば、相手が狙えるコースに選択肢が増える。ストレートの深いところに走りながらショットをコントロールし、コートのミドル位置にポジショニングできることが理想。

ストレートに返球して
ボレーの準備

POINT 2　ストレートのコースを狙って次を読む

前に出るときのレシーブはストレートへ返す。そうすることで相手の次のショットを限定でき、ボレーにアプローチできる。

プラスワンアドバイス　相手の返球を待ってボレーで決める

ボレーするときは、正しいポジショニングで待ち構え、相手のいないコースにボールを落とす。

PART 5 ▶ 筋力トレーニング

コツ49 テニスで使う筋肉を鍛える

メディシンボール①

トレーニングはソフトテニスの動作に必要な筋肉を動かすことが効果的。

自分の体重を使って体幹を鍛える

ソフトテニスでは大きな負荷をかけて、筋肉を大きくするようなトレーニングは必要ない。自分の体重を使ったトレーニングだけでも十分に効果が得られる。

ターゲットになるのは、体幹を中心とする筋肉だ。前後左右に動きながらのストロークや体勢が崩れても強いショットを打つためには軸の安定が欠かせない。

体幹の筋肉の鍛え、体の軸をキープすることがフォームを乱さないポイント。**特に股関節内あるインナーマッスルを鍛えると体幹が安定し、プレー中のパフォーマンスも向上する。**

メディシンボールを使った筋力トレーニングでは、テニスのスイングフォームに近い動きをすることで、使う筋肉を無理なく鍛えられる。扱える重さのボールを用いてトレーニングしよう。

テニスのスイングをイメージして動作する

ラケットを持ってスイングするのと同じ動きでメディシンボールを投げることがポイント。実戦でスイングするときに使う筋肉が鍛えられるので効果的である。メディシンボールは、なるべく大きな動きで投げることが大切だ。

シングルス対策のトレーニング

PART 5

メディシンボール②

しっかりと腰を落とし、ボールはなるべく低い位置に持ってくる。

目線は真上を向き、徐々にヒザを伸ばしながら狙いを定める。

からだ全体を使って真上にボールを放り投げる。

メディシンボール③

からだを少し起き上がらせた状態でボールを受ける。

腹筋に力を入れたままで、パートナーにボールを投げ返す。

プラスワンアドバイス① からだを左右にひねりながらボールを投げ返す

パートナーはボールをからだの横に投げる。からだを少し起き上がらせた状態からからだをひねってボールを受け取り、そのままボールを投げ返す。左右交互に行うことで、腹筋をバランスよく鍛えられる。

PART 5 シングルス対策のトレーニング

体幹トレーニング

パートナーの足首を持ち、足を垂直に持ち上げる。

パートナーは足を地面の方向へ思いっきり押す。

足は地面につけずに、元の状態に持ち上げる。

プラスワンアドバイス① 腹筋に意識を集中して20秒間キープする

両手のヒジから上を地面につけ、腕立て伏せのような状態になる。このままでも腹筋などが鍛えられるが、片手を前に伸ばし、逆側の足も地面から浮かせて伸ばす。バランスをとることでインナーマッスルも鍛えられる。

PART 5　▶インナーマッスル

コツ50　肩のなかにある筋肉を鍛える

ゴムチューブは関節内にあるインナーマッスルなどに効果的に働きかける。

強度を調整しながら鍛える筋肉にアプローチ

　肩のなかには小さな筋肉(インナーマッスル)があり、テニスのスイングでは重要な役割を果たしている。これらは重いバーベルをあげたりするだけでは鍛えられない。逆に大きな負荷をかけ過ぎると痛めてしまうので注意しよう。
　ゴムチューブを使ったトレーニングは、インナーマッスルを安全に鍛えることができる。からだの外側についている大きな筋肉ではなく、関節内部のインナーマッスルにアプローチすることにより、スイングをしなやかにし、ケガを防止する。
　チューブは単純なゴム製なので多彩な運動パターンが可能。かさばらず持ち運びも便利なので手軽に行うことができる。ものによって伸縮の強度が違ったりもするが、支点を自分で変えることで、強度を調節できる。

PART 5

シングルス対策のトレーニング

両足を開き、両手にチューブを持って左右に回旋運動。

両足を大きく開き、両手を左右に広げた状態から前屈運動。

半身になって両足を開き、ヒジを動かさずにチューブを引っ張る。

両手でチューブを後ろ向きに持ち、ヒジを曲げずに両手を前へ。

監修者

中村 謙 監督

なかむら ゆずる

昭和33年生まれ　埼玉県出身。巣鴨高等学校から同志社大学に進み、現役時代は後衛として西日本学生選手権大会で個人優勝（昭和54年）するなど活躍。昭和63年から平成9年までは中京大学ソフトテニス部にコーチとして選手を指導。平成10年にはヨネックス女子ソフトテニス部監督となり、数多くの実業団選手を育てる。平成21年からはヨネックス男子実業団が再結成され、監督に就任する。